AF560917

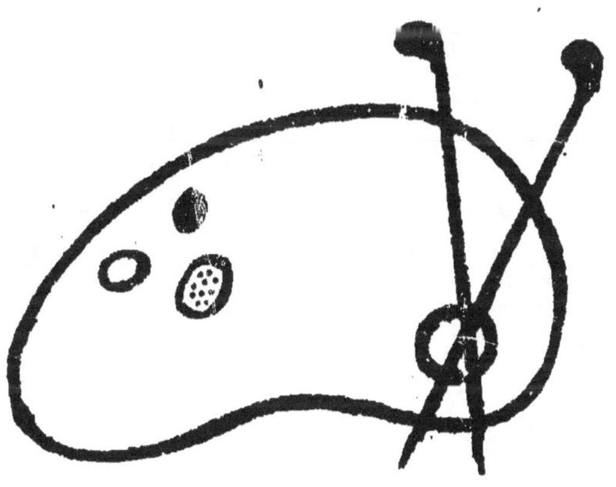

A l'enseigne de l'AUBERGE des ADRETS chez MOUSSEAU
14 Boulevard St Martin PARIS

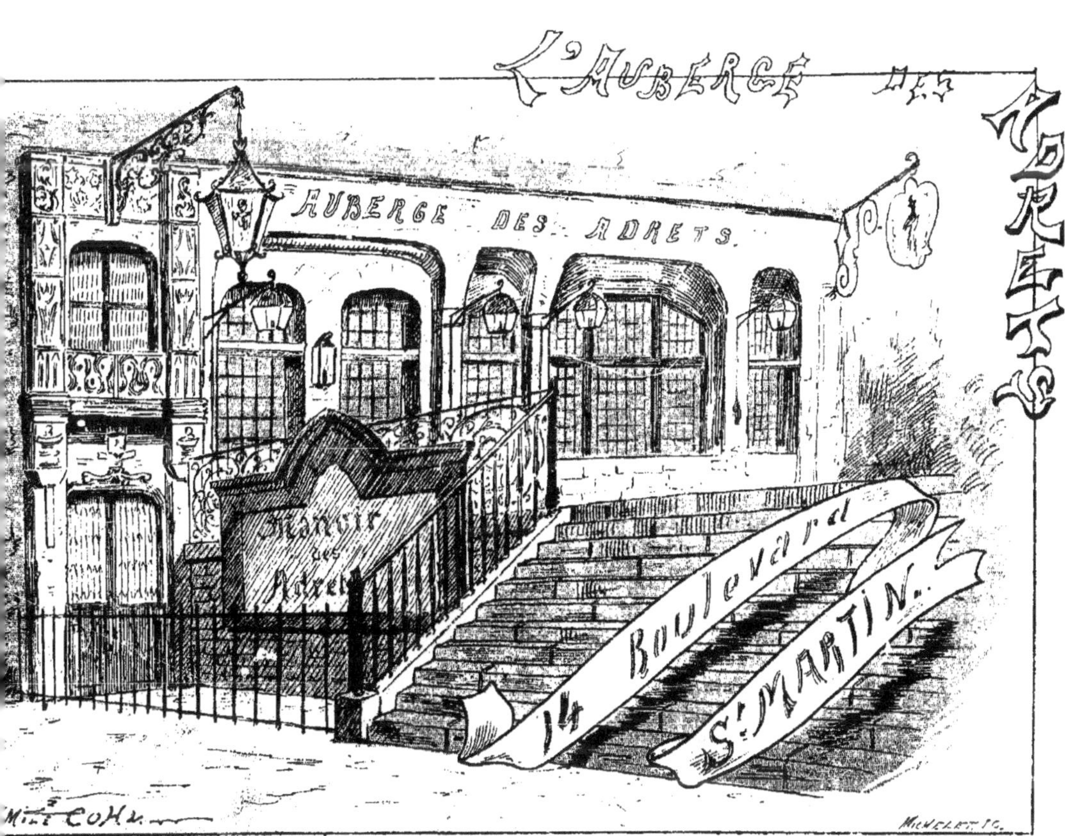
L'AUBERGE DES ADRETS
AUBERGE DES ADRETS
14 Boulevard S.t MARTIN.
Mit Cohl
Michelet sc.

L'AUBERGE DES ADRETS

HISTOIRE VÉRIDIQUE

DE ROBERT MACAIRE & DE SON AMI BERTRAND

L'AUBERGE DES ADRETS
HISTOIRE VÉRIDIQUE de
ROBERT-MACAIRE et de son ami
BERTRAND.
Préface de
JULES LERMINA
dessins d'
ÉMILE COHL.
A l'enseigne de l'AUBERGE des ADRETS chez MOUSSEAU
14 Boulevard St Martin PARIS
DÉPOT LÉGAL
Seine
N° 912
1887

Préface

Sonnet Rhomboïdal

Grandiose, adéquat à l'incommensurable ;
Alpha par l'occiput, Oméga par le râble,
Dans l'Orbe flatueux des Univers en rut,
Robert Macaire éructe un formidable zut !

Hardi comme un satyre évadé de la fable,
Au nez des vieux poncifs crachant des grains de sable,
Il ose — inspirez-moi, Muses ! ous qu'est mon luth ? —
Prendre l'homme pour cible et l'Éternel pour but.

Du vieux théâtre humain faisant vibrer les planches,
Zut est le mot clairon des subites revanches ;
Les Titans l'ont hurlé, Cambronne l'a mieux dit.

Droit, la trique à la main, bandeau sur l'œil, cravate
En corde, jette au monde un gigantesque : Vas te
Faire fiche !... Robert Macaire, ange et bandit !

Jules Lermina.

L'AUBERGE DES ADRETS

HISTOIRE VÉRIDIQUE

DE ROBERT MACAIRE ET DE SON AMI BERTRAND

COURT PRÉAMBULE

Ames sensibles, écoutez l'histoire douloureuse d'un homme criminel, mais aimable — poursuivi par le sort... et les gendarmes, et apprenez une fois de plus que, si la vertu est toujours récompensée dans l'autre monde, le vice n'en procure pas moins quelques agréments en celui-ci.

Un mot d'abord sur la famille de nos deux héros :

Macaire (Robert-Raymond) — s'il eût été philosophe ou critique, on l'eût appelé R.-R. comme on dénomma Rousseau et Janin J.-J. — descendait d'une famille antique dont l'origine se perd dans la nuit des temps fabuleux ; que dis-je ? des temps préhistoriques, alors que le premier singe, notre ancêtre, assomma son congénère pour lui voler une noix de coco.

Et si Robert Macaire manqua totalement du sentiment du tien et du mien — ou du moins, pour parler plus juste, estima toujours que ce qui était à autrui était encore plus à lui, qui pourrait l'accuser ? N'est-point à la nature qu'il faut faire le procès, à cette nature marâtre qui, mal organisée, a produit chez l'homme comme chez le singe les instincts que le préjugé qualifie de mauvais, et qui ne sont en somme que des aptitudes aussi respectables que la vertu ?

Chipeur dans son enfance, filou dans son adolescence, voleur dans l'âge mur, Macaire suivit la logique de sa situation, et, ayant étudié la vie des grands conquérants, comprit qu'on ne fait pas d'omelette sans casser des... têtes. Il acheva ses victimes pour n'avoir point à rougir devant elles.

D'ailleurs spirituel jusqu'au bout des ongles, il eut la générosité d'adoucir et au besoin d'égayer leurs derniers instants par des plaisanteries que la partialité seule les empêchait de trouver excellentes.

Bertrand, ou pour parler comme son extrait de naissance, Strop, débaptisé par lui-même pour les facilités de son commerce, était Prussien, ainsi que le prouve le mot célèbre par lui adressé aux gendarmes :

— « Emportons chacun une pendule et que ça finisse ! »

Macaire, forte race, torse épanoui, mollet vainqueur, portant beau, le geste arrondi, l'œil provoquant et la moustache en croc d'amour.... Oh ! la belle jeunesse !...

Bertrand, long, famélique, même lorsque repu, trembleur et blanchâtre de la race fouinarde.

Macaire, regardant la société sous le nez, et, le poing sur la hanche, saluant ses objurgations d'un : As-tu fini? ma vieille !

Bertrand, rampeur, glissant, visqueux, ayant l'habit d'un bandit et l'âme d'un laquais.

Beau, Macaire. Bertrand, vilain.

Pourtant, Bertrand accroché à Macaire, le complétant, faisant groupe... Mameluck de ce Napoléon.

Ah ! si Robert Macaire eût été lieutenant d'artillerie à Toulon, quel bel Empereur !

Mais la Providence, qui avait d'autres vues sur lui — desseins impénétrables, comme dit l'autre — le fit naître trop tard.

Assez tôt cependant pour qu'en certain jour de l'année 1823 il pût accomplir l'œuvre mémorable —

mais canaille — et au fond mémorable parce que canaille — qui devait lui assurer l'immortalité.

Mais n'anticipons pas sur les événements et entrons au vif de la question, toute question ayant un vif, ce qui ne veut rien dire, mais fait bien dans la phrase.

ENTRÉE EN SCÈNE

Belle auberge, l'Auberge des Adrets, et cossue en diable : toute en vieux chêne, dirigée par un cœur d'or battant dans une poitrine honnête, et dénommé (un cœur baptisé !) Dumont.

Confiance ! confiance ! Pas de murs sur le devant, une haie bénigne d'aubépine — asile printanier des chenilles. Dans le milieu de la haie, une porte en bois à claire-voie, mais fermant à solide verrou. Cour plantée d'arbres, tables à cour et à jardin, beaucoup de couleur verte, symbole de l'espérance.

Entrons dans l'auberge: horloge-cartel ne marchant pas, selon l'habitude invétérée de ces intéressants engins, plats de faïence prévoyant l'imitation future, brocs d'étain, tables brunes, escalier de chêne, le tout déjà confortable avant l'invention du mot.

Un domestique, Pierre, bête mais honnête, ou peut être honnête parce que bête. Ne creusons pas ces questions profondes.

Or, Dumont étant père d'un fils et Germeuil père d'une fille, ces deux cœurs d'or (abondance d'or ne nuit pas !) avaient imaginé, eux malins, d'unir leurs deux enfants, à savoir Charles et Clémentine. Charles, autre cœur d'or, Clémentine, fleur d'oranger odorant la vertu !

Mais Dumont, un peu lambin, comme on va le voir, avait totalement négligé d'avertir Germeuil que son fils n'était pas son fils, mais qu'il avait ramassé ledit Charles, un jour d'hiver, sur la route, paquet humain semé dans la poussière par la main du destin, Moïse sans le fleuve et le panier.

Germeuil — cœur sensible et homme à chaîne de montre — donnant à sa fille douze mille francs de dot — une fortune en 1823, heureuse époque ! — n'était pas homme à se préoccuper de si mince détail. Aussi se contenta-t-il d'adresser à Dumont ces questions raisonnables..., mais passablement égoïstes :

— Personne ne connaît ce funeste secret ?...

— Personne..., si ce n'est un parent...

— Un parent !

— Qui est mort !

— Je respire, s'écrie l'honnête et sensible Germeuil à qui la constatation de ce décès fait le plus grand plaisir.

En somme, tout est pour le mieux : Charles, quoique n'étant pas le fils de Dumont, passe pour son fils, et grâce à ce mensonge, pieux mais bizarre au point de vue de l'état civil, Charles peut épouser la fille de Germeuil, dont la chaîne d'or tressaille d'aise sur son ventre d'homme sensible.

Mais voici que du fond de l'inconnu deux hommes surgissent... Ils sont en haillons...

Robert Macaire porte le nom de Rémond, un lorgnon et, sur l'œil, un bandeau qui le rend méconnaissable. Il a le chapeau tromblon sur le coin de l'oreille, une cravate rouge, une redingote verte à revers, des bottes et un vigoureux gourdin à la main. Il est grand, porte beau et cambre le mollet.

Bertrand, enfoui dans une houppelande grise à poches énormes et ballantes, est surmonté d'un chapeau à tuyau de poêle qui, pareil au pantalon à galons de la chanson, n'a plus de fond.

Macaire se dresse, Bertrand se courbe ; Macaire marche, Bertrand trottine.

— Holà ! fait Macaire, assommant une table d'un formidable coup de gourdin, n'y a-t-il donc personne en cette cassine...

Pierre accourt. Les deux amis ont faim et Macaire fait le menu : Du poulet ? il est blasé sur le poulet ! Du lapin ? il respecte cet animal timide et doux ! Qu'on lui serve du gruyère !... et, pour dessert, des pommes de terre à l'huile.

Pendant que Pierre s'empresse à les servir, Macaire daigne communiquer à son compagnon quelques-unes des idées qui hantent son cerveau puissant.

Evadés tous deux des prisons de Lyon — que

voulez vous ? il n'est si bon logis qu'on ne quitte — ils cherchent fortune.

— Vois-tu, dit Macaire à Bertrand qui l'écoute avec admiration, la nature ne me fut point marâtre. Je suis beau, intelligent. Ne me dis pas que j'ai du génie. C'est inutile, j'en suis convaincu. J'aime tout ce qui est grand, j'aime la civilisation à ce point que je voudrais la mettre tout entière dans ma poche... et la revendre à bénéfice. Mais la civilisation se rebiffe... elle fait des manières, la petite rusée !... J'entends la réduire à merci. Archimède — as-tu connu Archimède, un homme qui courait en chemise en criant du grec ? — Archimède a dit : Qu'on me donne un point d'appui, et je soulèverai le monde ! Moi, je ne m'appuie que sur ma conscience et je soulèverai...

tout ce que je pourrai. Es-tu prêt à m'obéir ? Prêtons à nous deux le serment des trois Horaces !... Et marchons ! marchons! comme chante la *Marseillaise*... Tiens, une noce ! J'aime ces fêtes familiales ! Bertrand, de la distinction et ouvre l'œil!...

LA FEMME MYSTÉRIEUSE

Douce harmonie ! Voici les violons crincrinant sous les doigts exercés — des ongles noirs — des ménétriers !

Voici les paysans, modestes agriculteurs qui seraient trop heureux, comme dit Virgile, s'ils connaissaient leurs bonheur, mais qui ne le connaissent point, et par conséquent ne sont pas heureux à l'excès.

Voici les paysannes, gaillardes et égrillardes campagnardes à qui plus d'une fois des bottes de foin servirent à la fois de sommier élastique et de ciel de lit, touchantes innocences d'un pays à loups où on en voit beaucoup.

Et Dumont et Germeuil, l'homme sensible, et Charles, distribuent des poignées de main avec une prodigalité qui use leurs paumes bienveillantes.

Clémentine, rougissante sous sa couronne d'oranger, prête ses joues de pêche aux baisers amicaux.

Quand tout à coup...

(Musique à l'orchestre.)

Une femme apparaît à la porte de l'auberge. Elle est hâve, elle chancelle, s s vêtements ont des pièces. Elle s'affaisse. On s'élance. Elle a faim, elle est épuisée.

Le bon Germeuil s'approche, s'enquiert. Elle répond d'une voix faible qu'elle vient d'Italie et cherche à se mettre en service. Elle n'a ni famille ni amis. Pleine de délicatesse, d'ailleurs, elle fait remarquer à ses sensibles interlocuteurs que sa présence nuit à leurs plais rs.

Au contraire. Elle passera la nuit dans l'auberge.

Macaire se penche pour la regarder et tressaille. Mystère.

Naturellement, comme il y a là beaucoup de monde, Germeuil s'empresse de déclarer tout haut qu'il a sur lui, dans un portefeuille, une somme considérable !!! Douze mille francs en billets de banque... C'est la dot de sa fille.

Macaire ne perd pas un mot de ce dialogue instructif.

M. Germeuil occupera la chambre n° 13, et celle qui est à côté, et qui par une singulière combinaison arithmétique porte le n° 8, sera occupée par la mendiante.

M. Germeuil, avant de s'aller coucher avec ses douze mille francs, et son cœur sensible, tient à faire un bout de causette avec l'inconnue dont il constate — sans mauvaise intention d'ailleurs, étant un vieillard vertueux — les manières douces et réservées. Il veut savoir son passé. Il lui pose cette question indiscrète : « Avez-vous un mari ? » Elle tressaille. « Et des enfants ? » continue le curieux. Elle retressaille. Oui, elle avait un fils, qu'elle a perdu... elle a tout perdu d'ailleurs, ce qui prouverait un manque absolu de soin si la fatalité... Mais n'en disons pas plus.

Germeuil comprend qu'elle a commis des fautes graves, et après quelques paroles empreintes d'une sévérité tempérée par la sensibilité de son cœur, il lui remet une bourse contenant quelques louis, et il l'envoie coucher, tandis que lui-même va cohabiter avec ses douze mille francs.

L'HORRIBLE COMPLOT

— Bertrand, dit Macaire, écoute-moi. L'or peut n'être qu'une chimère, ainsi qu'il se chantera dans quelques années, cependant cette chimère a du bon. Seulement il est fâcheux qu'une simple question de localité influe autant sur les destinées humaines. Suis-moi bien. Un homme sensible, M. Germeuil, a dans un portefeuille douze mille francs... Joli denier. Ce portefeuille est dans sa poche, à lui. Et nous sommes pauvres, nous. Suppose que, par un changement de localisation — tu me suis bien — ce portefeuille, y compris les papiers d'état, soit transféré de sa poche dans la nôtre... Dis-moi d'abord, en regardant la voûte céleste, en t'élevant par la pensée jusqu'aux plus hautes sphères, en rêvant à ces mondes infinis qui tournoient dans l'espace, si ce déplacement — car il ne s'agit que d'un simple déplacement — troublerait en quoi que ce soit la marche de l'univers. Je ne me permettrais pas d'ailleurs de la troubler. Ce serait une action fâcheuse aux yeux du créateur. Mais, je le répète, il ne s'agit là que de déplacer un misérable atome, sans qu'il en résulte aucun cataclysme cosmique. Ma conscience étant en repos, je te propose d'opérer cette légère mutation, cette nuit même.

— Mais si l'homme sensible se réveille !

— Tiens-tu à la vie?...

— Si j'y tiens !

— A la tienne, soit... mais à celle des autres !

Macaire subtilise au garçon Pierre, de plus en plus honnête, mais aussi de plus en plus bête, la clef du numéro 13.

Tout va bien !...

— Monsieur Pierre, dit poliment Macaire à Pierre, veuillez avoir l'obligeance de nous faire bassiner nos lits...

— Avec du sucre, ajoute Bertrand. Caramélisons nos rêves !

LE FORFAIT

Il est minuit, l'heure sombre.

Macaire et Bertrand se glissent hors de leur chambre, et, doucement, pénètrent dans celle de l'homme sensible.

Pourquoi aussi lui avoir donné le numéro 13? Ça porte malheur.

M. Germeuil ronfle, indice d'une bonne conscience, fait observer Macaire.

Le portefeuille est là, sur la table de nuit. Macaire avance la main.

— Hein ! qui va là ? murmure Germeuil.

— Indiscret ! fait Macaire en lui plongeant son couteau dans la poitrine. Jusqu'à la garde, ajoute-t-il, ça t'empêchera de l'appeler.

Plaisanterie cynique que nous n'hésitons pas à taxer de mauvais goût.

Germeuil, s'abstenant de toute réplique, Macaire le considère un instant avec intérêt :

— Etrange ! fait-il. Qui scrutera le mystère de la vie et de la mort ? Cet homme était vieux, mais ingambe. Il avait bien encore une dizaine d'années devant lui, peut être plus, peut-être moins. Et il suffit de l'introduction dans son organisme d'une misérable lame, chose longue et étroite, mais qui tient si peu de place dans la boutique d'un coutelier, pour que jamais plus il ne puisse prendre son café au lait. La vie est chose bien fragile !...

Bertrand le tire par son habit ; il a hâte de sortir :

SALLE DE ROBERT MACAIRE

— Un instant, dit Macaire, nous ne pouvons laisser ce malheureux expirer dans la solitude et l'abandon. L'humanité a ses exigences... Il est mort!... je le regrette. J'aurais eu plaisir à lui serrer une dernière fois la main!... Et maintenant, Bertrand, allons dans notre chambre méditer sur l'immortalité de l'âme.

LE LENDEMAIN DU CRIME

La douce mendiante, aux manières réservées, avait mal dormi. Germeuil lui ayant dit la veille qu'il désirait encore causer avec elle, elle avait peur qu'il ne voulût scruter les arcanes de sa vie privée : d'ailleurs ayant reçu de lui une bourse et quatre louis, elle n'avait plus grand'chose à en attendre et préférait se soustraire à un pénible interrogatoire.

D'où sa résolution de déguerpir avant l'aurore et sans être vue.

Seulement, voyez la malechance. Elle ne pouvait pas parvenir à ouvrir la porte. Pierre arrive au bruit, et, moins bête que d'ordinaire, s'étonne de la voir si pressée de partir. Il la rabroue un peu durement. Elle pleure, tire son mouchoir pour s'essuyer les yeux. La bourse de Germeuil tombe.

Pierre, de moins en moins bête — c'est son tempérament du matin — remarque caustiquement qu'elle n'est pas aussi pauvre qu'elle en a l'air.

Au fort de cette conversation, Macaire et Bertrand sortent de leur chambre.

Macaire fredonne :

> Quand on fut toujours vertueux,
> On aime à voir lever l'aurore.

Il aperçoit Marie, affalée sur une chaise et, plein de désinvolture, vient s'accouder sur le dossier. N'oublions pas que naguère il avait tressailli, et on ne tressaille pas sans avoir des motifs de tressaillement.

Il pose à la mendiante cette question captieuse :

— Connaissez-vous Grenoble ?

Ça n'a l'air de rien au premier coup d'œil. Il y a des gens à qui on demanderait s'ils connaissent Grenoble et qui resteraient parfaitement tranquilles. Point n'est le cas de cette femme aux manières douces et réservées.

Il paraît qu'elle a connu Grenoble... Bien plus, elle a connu Robert Macaire... et connu comme Sarah connut Abraham dans la Bible, le livre des livres. Elle fut son épouse.

Il l'a bien reconnue, lui. Mais comme il a un bandeau sur l'œil, elle ne le reconnaît pas, elle !

Il paraît que ce mariage n'eut qu'une courte-lune de miel. Pourquoi est-elle en miel, d'ailleurs ? Ça fond si vite à la chaleur. Bref, Macaire lui rappelant doucement son nom, elle réplique par ces mots qui ne sont pas à double entente :

— Ne répétez pas le nom d'un monstre qui trouble le repos de ma vie !

Macaire se tord de rire... mais se tord intérieurement, sans que Marie s'aperçoive de la torsion.

— Vous avez donc connu cet infâme ? demande-t-elle.

— Un chenapan, répond Macaire, qui n'a fait qu'une bonne action dans sa vie, c'est de mourir...

— Il est mort ! Mon Dieu, pardonnez-lui !

— Mais très volontiers, réplique Macaire, je ne lui en veux pas.

Sur ce, Macaire la quitte avec un salut régence.

— Ainsi, lui dit Bertrand, c'est ta femme !

— Tu l'as dit ! Que ceci, Bertrand, te serve de leçon. N'aie jamais l'égoïsme de prendre une femme à toi seul.

— Mais l'amour !

— L'amour, c'est la femme des autres.

Soudain Bertrand bondit :

— Sapristi ! des gendarmes !

LES GENDARMES

Ces gendarmes sont à cheval. Ils ont des bicornes en bataille, des buffleteries jaunes et des bottes.

Pierre court à eux, les aide à descendre de leurs montures et conduit les bêtes — celles à quatre pieds — à l'écurie.

Bertrand veut s'enfuir. Il tremble :

— Bertrand, lui dit Macaire, pourquoi t'émouvoir ? Tu sais bien ce que c'est qu'un gendarme...

— Oh ! oui !

— Eh bien ! trois gendarmes, c'est deux gendarmes de plus qu'un gendarme... Voilà tout... Du calme et songe que le respect du gendarme est le commencement de la sagesse... Hélas ! l'éducation des collèges ! on y apprend tout, excepté ce qui est nécessaire. Bertrand !

— Ami !

— T'a-t-on jamais appris à avoir peur des gendarmes ?...

— Ça m'est venu tout seul...

— Preuve que l'instruction est inutile!... Pierre ! accélérez le déjeuner...

Roger était un beau gendarme, non point un gendarme d'opérette, mais un buffletier sérieux. Il avait l'œil de faucon.

Grande qualité pour un gendarme que d'avoir l'œil de faucon.

Et ledit œil de faucon, il le dirigeait sur Robert Macaire et sur son ami Bertrand.

— Quels sont ces hommes ! demanda-t-il à Pierre.

L'heure était passé où Pierre n'était qu'honnête. Maintenant il était profondément bête. Il répondit : des voyageurs.

— Etrange ! fit Roger, brigadier, il me semble que...

— Je ne crois pas...

— Pourtant...

— A votre service, brigadier.

Or Macaire, canaille, donc malin, donnait le change en chantant sur le mode aigu :

La tendre Annette
S'en va seulette
Sur la coudrette
Chanter du Robin des Bois.
Pourquoi ?

Bertrand, bien stylé, répétait le : Pourquoi ? en basse-taille ; à quoi Macaire répondait :

C'est pour savoir si le printemps s'avance,
Pour chasser l'échéance
De nos printemps d'hiver.

Ce que Bertrand traduisait en sourdine par ces vers pornographiques ci-après cités... en rougissant :

C'est pour savoir si la fille à ma tante
Elle a du poil au ventre
Pour passer son hiver.

— Quelle voix ! s'écrie Pierre; il en fait tout ce qu'il veut.

— Il ferait bien, réplique le brigadier grincheux, de s'en faire un pantalon !...

Et bref, net, sec, allant à Macaire, Roger, brigadier, représentant de la loi, dit :

— Vos papiers ?

— Brigadier, fit Macaire, ne nous connaissez-vous pas ? C'est étrange ! mais il me semblait vous avoir déjà fait l'honneur de vous déplier ces parchemins..: Voyez ! Rémond d'une part, Bertrand de l'autre... En règle, brigadier, en règle !...

— C'est que, voyez-vous, reprit Roger, je recherche en ce moment des bandits qui se sont échappés de la prison de Lyon.

— Vous poursuivez ?

— Oui...

— Des bandits ?...

— Certes...

— Évadés...

— Oui...

— Des prisons de Lyon ?

— Lyon (Rhône) ?

— Rhône !

Un silence.

Macaire reprend :

— Gendarmerie ! géographie ! ô grandeur de la France !

Puis, s'adressant à Roger :

— Brigadier, que diriez-vous d'un déjeuner con fraternel ?

— Vous dites ?

— Où nous romprions, moi, citoyen de la libre Gaule, vous, représentant de la loi, le pain de l'amitié, en l'arrosant du vin de la confiance...

— Tout de même !...

PREMIÈRE DE ROBERT MACAIRE AUX GENDARMES

— Messieurs, je suis heureux qu'en cette circonstance il me soit permis de vous adresser quelques paroles. Non que j'aie plaisir à lâcher la bride au dieu de l'éloquence. Non ! quoi qu'il piaffe en moi, je saurai le contenir...

« Je veux seulement rendre hommage à cette admirable, vénérable et respectable institution qui s'appelle la gendarmerie.

« Ah ! messieurs ! pardonnez à mon émotion ! La société se divise en deux catégories : les poursuivis et les poursuivants, les coupables et les gendarmes ! Qui n'est gendarme est criminel ! Vous êtes gendarmes ! Je laisse à la justice sociale le soin d'apprécier quels sont les autres.

« Saint Augustin l'a dit, messieurs (ou s'il ne l'a pas dit, c'est un tort de sa part) : le crime n'a d'autre raison d'être que l'existence du gendarme. Car enfin, s'il n'y avait pas de voleurs, il n'y aurait pas de gendarmes ! Et alors — réfléchissez un peu ! — que deviendrait cette institution qui est le pivot de la société ? Pas de gendarmes ! Bertrand ! Y as-tu songé ! Pour moi, j'en frémis ! et s'il est permis à un homme perspicace de rappeler le nom des Cartouche, des Mandrin... et autres, c'est pour les remercier... je le dis hautement !... de nous avoir conservé, à travers les âges et jusqu'au dix-neuvième siècle, l'auguste, j'ai dit auguste et ne m'en dédis pas, l'auguste corporation de la gendarmerie !... »

— Bravo ! crient les gendarmes.

— Vous allez trop loin, murmure Roger.

— Trop loin ! s'écrie Macaire. Vous oubliez, brigadier, que le gendarme est à cheval... Eh bien ! est-ce que le premier venu est à cheval. Moi, Bertrand, les plus grands génies, est ce que nous sommes à cheval? Un cheval ! un cheval ! criait Richard III, un royaume pour mon cheval ! Périclès, Tacite, Horace, Rabelais... toutes les gloires intellectuelles... est-ce qu'elles étaient à cheval. Menteur qui le dirait ! Tandis que le gendarme !... toujours sur son destrier, toujours la main au pommeau, toujours les jambes en arc !... Donc le gendarme est supérieur à Périclès, à Tacite, à Horace, à Richard III et à Rabelais... C. q. f. d... c'est-à-dire... j. f. qui s'en dédit...

Roger était profondément ému... et donnait à boire à ses bottes...

Bertrand souriait... mais d'un sourire jaune, sinistre couleur. Il avait une peur bleue... tout un arc-en-ciel, d'autant que le bon gendarme, un moment ensorcelé par les exquises manières de Robert Macaire, commençait à reprendre son dada... d'ordonnance.

— Nous recherchons, dit-il, deux coquins qui se sont évadés des prisons de Lyon...

— Que c'est misérable ! fit Macaire. Ils risquent de faire perdre leurs places aux geôliers !

— Mais nous les retrouverons. Car on m'a affirmé qu'ils se cachent dans la forêt des Adrets...

— En vérité, fait Macaire, si ces gens se cachent, c'est évidemment qu'ils n'ont pas la conscience tranquille... Vous ne vous cachez pas, nous ne nous cachons pas, donc nous avons la conscience tranquille.

— Evidemment, réplique Roger. Mais, ajoute-t-il en apercevant la jeune Clémentine, voici la beauté qu se lève avec l'aurore. Amis, au port d'armes...

L'honnête Dumont informe le gendarme que c'est jour de noce. Le gendarme félicite l'honnête Dumont. Justement voici Charles qui revient de faire une petite course dans les environs.

Scène de famille bien tentante pour un gendarme au cœur pur. Mais la consigne ! les recherches à faire dans la forêt ! Vite, le coup de l'étrier et en route !

Robert Macaire, avec un soupir satisfait :

— Va, bon gendarme !... excuse-moi si je ne te reconduis pas !... Ami Bertrand, rentrons dans notre chambre, que des ablutions multiples et parfumées raniment les roses de notre teint et raffermissent nos tissus...

PÉRIPÉTIE

— Quoi ! dit le jeune Charles, M. Germeuil n'est-il pas encore descendu de sa chambre ?

— Que veux-tu ! Il n'est plus jeune et dort la grasse matinée...

Ainsi répond l'honnête Dumont, qui s'exprime toujours avec une simplicité pleine de bon sens.

Arrivée des villageois et villageoises, citoyens naïfs et purs qu'on trouve toujours dès qu'il s'agit de manger et de boire... et à l'Auberge des Adrêts, encore, la première des cuisines à vingt lieues à la ronde.

Charles poursuit son idée avec une ténacité qui l'honore : il trouve que M. Germeuil fait la matinée non seulement grasse, mais obèse. Clémentine appuie ces considérations ingénieuses de sa douce voix de vierge. L'honnête Dumont manifeste quelques inquiétudes.

— Ma foi, dit Charles, je n'y tiens plus ! Je vais enfoncer sa porte !...

Et, rapide comme le taureau se ruant sur la *capa* du toréador, il bondit sur la porte, qui cède sous la pression de son épaule vigoureuse.

Si ce malheureux Germeuil eût dormi du sommeil du juste, il y avait dans cette violence de quoi lui donner une congestion. Par bonheur, il avait été assassiné.

N'envisageant pas la question à ce point de vue, Charles, Clémentine et Dumont redescendent quatre à quatre en criant que l'homme sensible avait été massacré.

Charles qualifia l'incident de « crime horrible ! » et Roger, le bon gendarme, émit cette réflexion prouvant une perspicacité peu commune :

— Quel événement affreux ! Lui connaissez-vous des ennemis ?

SALLE
D'
AUBERGE

— Aucun, répond Dumont, il ne vivait que pour faire le bien.

Et les douze mille francs ! Disparus ! selon toute apparence, remarquent ces gens sagaces, il y a eu meurtre compliqué de vol ou vol doublé de meurtre.

Or, il ne faut pas oublier que la douce Marie, l'épouse peu reconnaissante de Robert Macaire, avait pris le large afin de ne pas subir, de la part de M. Germeuil, un nouvel interrogatoire. Pierre — dont la bêtise s'accroît — fait remarquer qu'il l'a surprise voulant fuir dès l'aurore.

Plus de doute ! cette femme est suspecte ! On lance sur sa trace un gendarme et les paysans.

Ainsi l'innocence a toujours maille à partir avec l'injuste partialité !

Pendant ce temps, Germeuil — avec une ténacité qui fait son éloge — continue à ne donner aucun signe de vie.

DIPLOMATIE

Cependant Roger sent le besoin d'échanger quelques répliques avec Robert Macaire et son ami Bertrand.

Ici, que notre humble personnalité d'historien

s'efface ! Soyons les simples sténographes de ce dialogue — que disons-nous — de ce trialogue génial :

ROGER *à Macaire.* — Un assassinat a été commis dans cette maison.

MACAIRE.— Vraiment, monsieur ! Et qui donc a été la victime ?

ROGER. — Le malheureux Germeuil...

BERTRAND. — Qui a assassiné ?...

MACAIRE. — Eh non ! qui a été la victime. Mais nous le connaissions beaucoup M. Germeuil ! N'est-ce pas ce monsieur qui était hier à la fête ?

BERTRAND. — Tiens ! tiens ! tiens ! qui avait des bas de coton et une culotte beurre frais.

MACAIRE. — Ce que tu dis est hors d'œuvre. Il avait l'air de jouir d'une parfaite santé. Oh ! les auteurs de ce crime sont des monstres ! Détruire un homme qui se portait si bien.

ROGER. — Vos passeports.

MACAIRE (*il lui donne une lettre*). — Voici le mien. Ah ! oh ! oh ! Pardon ! le voici ! (*Il reprend la lettre et donne son passeport. Il va à Bertrand.*) Une lettre de la baronne !

BERTRAND. — Elle te fait des reproches.

ROGER (*regardant le passeport*). — Vous vous nommez ?

MACAIRE. — Toujours.

ROGER. — Je vous demande votre nom.

MACAIRE. — De Saint-Rémond.

ROGER. — Où allez vous ?

MACAIRE. — A Bagnères, prendre les eaux de ce pas. Ma santé est un peu délabrée.

ROGER. — Comment ! vous allez à Bagnères prendre

les eaux de Spa ? Cela ne se peut pas. Bagnères est dans les Pyrénées et Spa à sept lieues de Liège.

MACAIRE. — M. le brigadier ne perd pas la carte... mais je vous dit que je vais de-ce-pas prendre les eaux de Bagnères.

ROGER. — C'est différent. Votre profession ?

MACAIRE. — Ambassadeur du roi du Maroc. Vous êtes peut-être étonné de ne pas me voir en maroquin.

ROGER.—Fort bien (*à Bertrand qui se cache derrière Macaire*). Le vôtre! Est-ce que vous n'en avez pas ?

MACAIRE. — Monsieur te fait l'honneur de te demander ton passeport.

BERTRAND.— Voila ! voilà ! C'est que nous les avons déjà montrés hier.

MACAIRE. — Eh bien, qu'est-ce que cela signifie ? Est-ce que monsieur n'est pas dans l'exercice de ses fonctions ? Monsieur a le droit de t'interroger, tu n'as pas celui de lui répondre.

BERTRAND (*tirant ses papiers*). — Voilà, voilà. (*Il en laisse tomber un.*) Ah ! c'est la reconnaissance de mon manteau; j'ai eu cent soixante-dix francs dessus. (*Il donne son passeport.*)

ROGER. — Vous vous nommez ?

BERTRAND. — Bertrand !

ROGER. — Et vous allez ?

BERTRAND. — Pas mal et vous ?

ROGER. — Je vous dis : Et vous allez ?

BERTRAND. — Pas mal et vous ?

MACAIRE. — Monsieur me suit.

BERTRAND. — Je le suis, je suis de sa suite, de sa suite j'en suis, je le suis.

ROGER. — Votre profession ?

Bertrand. — Orphelin. (*Chantant.*)

A peine au sortir de l'enfance...

Roger. — Mais, monsieur, je vous demande votre profession...

Bertrand.

A peine au sortir de l'enfance...

Macaire. — Ah ça ! Veux-tu bien te taire ! (*A Roger*) Je vous demande pardon, mais mon ami est un peu lunatique.

Bertrand. — Oui, je suis fabricant de lunettes !

Roger. — Il n'y a rien à dire à ces papiers. Ils sont fort en règle.

Donc le bon gendarme est roulé comme un merlan dans la farine : et c'est avec politesse qu'il prie ces deux amis de ne point s'éloigner avant la fin de l'enquête.

Ce gendarme aurait pu, en des temps meilleurs, remplir agréablement l'office de chef de la sûreté.

LE CRIME ET LA VERTU

Mais voici que le gendarme et les paysans qui se sont lancés à la poursuite de la douce Marie reviennent en la traînant de façon peu courtoise.

Robert Macaire, dont la délicatesse laisse décidément beaucoup à désirer, se frotte les mains en murmurant : « Heureux hasard ! »

Tout le monde accuse très carrément la douce Marie d'avoir porté le trouble dans le cœur sensible de M. Germeuil en y introduisant une lame de couteau.

Pierre, dans sa stupidité naïve, mais chronique,

rappelle que ce matin elle avait de l'or ! Et elle avoue elle-même que M. Germeuil ne la connaissait pas, qu'il l'avait vue la veille pour la première fois.

— Pardon, fait observer Macaire, cette malheureuse femme n'occupait-elle pas une chambre à côté de l'infortuné Cerfeuil...

— Germeuil ! rectifie l'honnête Dumont.

— Elle occupait le n° 8, dit Pierre, et M. Germeuil le n° 13.

— 8 et 13 font 21, constate Macaire. Donc elle a dû entendre du bruit...

— Je n'ai rien entendu, s'écrie Marie. Si je voulais partir ce matin, c'était dans la crainte de gêner...

Roger, trouvant cette réplique peu concluante — toujours malin, le gendarme ! — ordonne d'empoigner Marie, qui veut embrasser les genoux de Dumont et de Charles.

Cette accolade aux guêtres est repoussée avec horreur.

Sur quoi, Dumont, dans un éclair de génie, lui adresse cette question profonde :

— Comment vous appelez-vous ?

— Marie Beaumont.

— Mais alors ! s'écrie Dumont en qui la lumière se fait, vous avez eu un enfant... et cet enfant, c'est celui que je ramassai sur la route... et c'est Charles !

Quelle révélation ! Et comme elle est amenée !

— Ma mère ! crie Charles — Mon fils ! crie Marie. Tableau !

Mais où la situation se complique, c'est que Macaire — étant le mari de Marie — est fort marri de constater que Charles est son fils !

Non qu'il n'ait point quelque velléité de se jeter

dans ses bras ! il lui plairait de couper une mèche de ses cheveux !

Mais la Providence qui jusque-là, il faut le reconnaître, a quelque peu sommeillé — ce qu'explique son âge avancé — apparaît sous la forme d'un brigadier qui remet un papier à Roger. Roger cligne de l'œil.

Et désignant Macaire et Bertrand :

— Empoignez ces deux hommes !

Ici, Macaire, se souvenant des immortels principes de 89, proteste au nom de la liberté individuelle.

Hélas ! trois fois hélas ! le brigadier Providence a remis à Roger, le bras de la loi, un mandat décerné par la justice contre Robert Macaire et Bertrand...

— Tout ça, c'est des bêtises ! s'écrie Bertrand. Je ne demande plus qu'une chose, c'est que tout le monde s'embrasse et que ça finisse !...

Roger arrache le bandeau noir qui couvre l'œil de Robert Macaire.

La douce Marie pousse un cri.

Un seul œil ne lui avait pas suffi pour reconnaître son époux scélérat. Mais ces deux yeux sont une révélation.

— Dieu ! c'est lui ! s'écrie-t-elle, et elle s'évanouit, ce qui prouve un bon naturel.

Comme Germeuil, c'est un cœur sensible.

Macaire est ému, mais comme ces émotions le fatiguent, il juge que le moment est venu de s'arracher à cette scène poignante.

Il ouvre sa tabatière, met du tabac dans la main de Bertrand et tous les deux, une, deux, trois ! jettent ledit tabac dans les yeux des gendarmes.

Macaire et Bertrand se sauvent à toutes jambes. On court après. On les rattrape. Macaire tue un gendarme. Mais que peut la valeur contre le nombre...

Ils sont pris et Macaire fredonne :

Tuer les mouchards et les gendarmes
Ça n'empêche pas les sentiments. (*Bis.*)

MORT-VIVANT

Donc Robert Macaire et son ami Bertrand sont tombés sous la coupe de dame Justice — Thémis pour les vieux juges — qui ne serait pas fâchée d'entretenir des relations plus ou moins intimes avec d'aussi beaux hommes. Elle guigne les mollets de Robert Macaire, cette futée de Thémis.

Mais, d'autre part, et pour une foule de raisons qu'il serait trop long d'expliquer, le fils de Robert Macaire — l'excellent Charles, ne tient pas du tout à ce que petit papa comparoisse en place de Grève. Préjugés, soit. Mais Charles y tient. Et, par un truc ingénieux, il trouve le moyen de plonger ledit papa dans un état cataleptique qui ressemble à la mort, et lui commande un enterrement de première — ou de septième classe — les documents font défaut sur le chiffre.

Tout le monde coupe dans ce trépas non moins subit que surprenant. On met dans le coffre en sapin un paquet de chiffons, allusion délicate au costume de Macaire, et, aux chants nasillards d'un clergé convaincu et obèse, on descend la chose dans un trou soigneusement creusé. On jette par-dessus cette dépouille trois tombereaux de terre, ce qui, fait observer Pierre dont la bêtise a fait place à une aimable goguenardise, contraste avec la phrase du curé : Que la terre lui soit légère ! — et, ceci fait, on revient à la maison. L'honneur est sauf.

Mais...

Toute la vie n'est qu'un composé de — mais ! — jetés par le hasard ou la Providence dans les combinaisons les mieux ourdies, l'excellent Pierre a compté sans papa qui, pendant que passait sous ses fenêtres le douloureux cortège, s'est flanqué une formidable cuite, et, rond comme une pomme, s'est livré à un monologue philosophique et alcoolique, et, après réflexions, en est arrivé à cette conclusion qui dénote une certaine logique :

— Il faut que je m'évade.

Mais... (toujours !) Charles s'y oppose formellement. Il n'a pas envie que son père se fasse reprendre. Son père est enterré. Et il pourrait paraître surprenant qu'un cadavre — si bien béni tout à l'heure par M. le curé — déambule par les champs et les routes.

— Pardon, ô premier-né de mes entrailles, par procuration, s'entend, tu me parais ignorer les lois qui régissent notre belle France...

— Je ne comprends pas.

— Fils de mes œuvres aimables, suis mon raisonnement : la Constitution de 91, celle de 93, celle de l'an VIII et enfin la Charte immortelle reconnaissent-elles, oui ou non, à tout citoyen le droit de circuler librement dans toute l'étendue de la République, de l'Empire ou du Royaume, selon le vent des révolutions ?...

— C'est exact... mais...

— Et où donc, s'écrie Robert Macaire avec un geste que lui eût envié Mirabeau — vilain jaloux ! — où donc est-il dit que, pour jouir, user et abuser de ce droit, le citoyen doive posséder la qualité, après tout futile et secondaire, de vivant...

— Mon père !

— Ce mot me touche... repète-le souvent, bien souvent !... Mais garde-toi bien de vouloir humilier ton père parce qu'il exerce la profession, peu lucrative il est vrai, mais après tout fort honorable de cadavre... ne lui refuse pas l'exercice de ce droit de circulation qu'il partage avec les vins et alcools et dont nulle puissance humaine ne peut le dépouiller...

— Mais on vous croit mort... vous ne l'êtes pas ! Et si vous êtes vivant, on vous arrête...

— Voilà bien l'injustice des hommes ! Cette société est cruelle... parce que je respire encore l'air natal, parce que mon pectoral s'épanouit encore aux brises embaumées de la patrie, on veut me faire arriver des misères... Soit ! plus un mot ! je ne prendrai plus conseil que de ma conscience... je la connais, elle n'est pas contrariante !...

Et Macaire majestueux rentre dans sa chambre.

Là il songe :

— O liberté, sainte liberté ! murmure-t-il, pour qui tant de héros ont combattu, liberté qu'un musicien n'a pas hésité à qualifier de chérie, je t'invoque ! écoute-moi donc et tâche de me comprendre. Je t'aime et te désire, non en raison de ton sexe — je ne suis pas en train de rire — mais parce que je commence à avoir les jambes engourdies... Tu me diras : il y a là une fenêtre, au-dessous de cette fenêtre, un mur... Au delà de ce mur, tu me tends les bras et me fais des agaceries aussi provocantes que peu pudiques... Je te vois venir, tu veux m'attirer dans le bois... Je ne hais pas l'ombrage, tu le sais, mais, liberté ma mie... je n'ai pas le sou !... encore une injustice. Mort, on m'eût donné un viatique... vivant, on me refuse de l'argent de poche. Si j'avais seulement l'huile de l'extrême-onction, je la vendrais !... mais chut... on parle... écoutons...

Or un dialogue — nécessaire à l'action — s'est engagé entre l'excellent Charles et Pierre le garçon d'auberge.

Charles — dont le plus grand titre dans l'avenir sera d'avoir été le prédécesseur de Mousseau — Charles en a plein le dos de l'auberge. Et comme naturellement l'auberge est beaucoup plus grande que son dos, cela le gêne entre les omoplates.

Par un hasard que nous qualifierons de l'épithète originale de providentiel, Pierre a hérité d'un sien oncle une somme de huit mille francs. Il l'offre à Charles en échange de l'auberge, provisions et matériel compris.

Remarquons au point de vue de la statistique qu'en ces temps heureux une auberge ne coûtait pas cher.

SALLE A
MANGER

Huit mille francs ! Charles n'hésite pas. Donnant, donnant, l'argent, les clefs.

Et Charles, avec cette somme, s'en ira à travers le monde loin de ces lieux où il a tant souffert...

Vous me direz : Et Marie ? et sa mère ! qu'est-ce qu'il en a fait ? Et sa douce fiancée qui pliait sous le faix des fleurs d'oranger et ne demandait qu'à être soulagée de son fardeau ? Il n'y songe donc plus ?

Je l'ignore, l'histoire est muette. Il y a dans les récits des époques passées des lacunes que rien n'explique. Savez-vous comment est mort Thoutmosès IV ? Non. Alors pourquoi me demander ce qu'est devenue la fille du sensible Germeuil ? Laissons quelque chose à glaner aux Oppert et aux Maspéro de l'avenir !

Seulement Charles éprouve le besoin de mettre des chaussettes de laine. Avant de s'embarquer pour un long voyage, c'est de règle absolue. Quel voyageur depuis Malte-Brun jusqu'à Brazza s'est mis en route sans changer de chaussettes ? Il pourrait vous arriver un accident, et il faut, par sa propreté, en imposer aux populations primitives qu'on peut être appelé à convertir à la civilisation. Seulement, je ne sais pas si vous avez remarqué comme moi que rien n'est plus difficile que de changer de chaussettes quand on a sur les bras huit mille francs en écus de six livres. Si cela ne vous est pas arrivé, faites appel à votre imagination et vous comprendrez sans peine que l'excellent Charles ait eu la velléité — mettons l'imprudence si vous voulez — de se débarrasser de sacs susindiqués, et de les avoir placés provisoirement au fond d'une armoire...

Pourquoi imprudence ?

C'est que Robert Macaire veille, c'est que son oreille d'Apache a surpris la conversation engagée entre Pierre et l'excellent Charles, c'est que son œil de faucon a aperçu par le trou de la serrure la manœuvre des sacs déversés dans l'armoire, c'est que sa griffe de lion brûle de s'appesantir sur ce magot qui n'a rien de chinois

Charles se retire discrètement, pour changer de chaussettes en un lieu où sa pudeur soit à l'abri des indiscrets.

Robert Macaire médite un instant :

— Puisque je suis mort, se dit-il, mon fils a hérité de moi : or, comme je ne suis pas mort, j'ai le droit de récupérer le patrimoine. C'est une avance d'hoirie à rebours. A mon prochain décès, je lui restituerai cette somme au centuple.

Il tire de sa poche divers instruments, familiers aux partisans de la circulation monétaire :

— Un rossignol ! dit-il, doux nom qui rappelle le chantre de la nature... Un monseigneur !... Ah ! mes sentiments libéraux se révoltent à cette qualification féodale. N'a-t-on donné ce nom aux outils de la revendication personnelle que parce qu'il était porté autrefois par les affameurs du peuple ! Mais assez de philosophie... à l'œuvre...

Dextrement, avec une énergie qui n'exclut pas la grâce, Robert Macaire fait sauter la serrure de l'armoire filiale : il cueille — ainsi l'amant fait de la rose qu'il offrira tout à l'heure à la bien-aimée — les sacs aux écus, et sans plus d'hésitation, il détale, jetant en l'air le cri du matelot qui se livre aux Océans :

— A Dieu va !

DANS LA FORET

Mais Bertrand !

Il est des instants où il est doux d'avoir une famille, de se voir entouré de bras caressants, réchauffé par des regards affectueux.

L'âme de Robert Macaire lui-même s'était un instant épanouie à ces joies délicates, et au moment où il pinçait les huit mille francs — en écus — il n'avait pu s'empêcher de murmurer, comme Fidès dans le *Prophète* :

— O mon fils, sois béni !

Mais il est d'autres instants où il est savoureux d'être dégagé de tout lien terrestre, d'être libre de toute attache et de se trouver seul et fier en face du destin

Tel était le cas de Bertrand, qui, dans son indépendance morale, n'avait pas hésité à quitter subrepticement — mais rapidement — les lieux que déflorait la présence de gendarmes odorants et vengeurs.

Bien qu'il fût plus primesautier, moins observateur que son ami Macaire, cependant il se disait, dans son gros bon sens, qu'on oublie trop souvent cette vérité que le malfaiteur est le gagne-pain du gendarme, et que c'est de sa part la pire des ingratitudes que de malmener aussi durement celui qui le fait vivre.

Bertrand s'était senti blessé dans ses sentiments les plus intimes.

D'où sa fuite.

Ces élans du cœur ne se commandent pas.

Bertrand avait erré dans la forêt. D'ici, de là, en face et à côté.

Certes il aurait pu, comme nos ancêtres simiesques, se nourrir de noix de coco.

Mais la forêt des Adrets n'en produisait pas, la nature prévoyante n'a pas encore suspendu de côtelettes aux branches des chênes et les truffes sont si bien enfouies qu'il faut pour les découvrir des qualités toutes particulières et qui ne sont pas données à tout le monde.

Aussi Bertrand avait-il une faim de loup.

En ce temps-là, les jeûnes d'un mois ou de cinquante jours étaient rares.

Après avoir passé la nuit dans une voiture à charbon, Bertrand s'était affalé doucement derrière un paquet de broussailles et attendait du généreux hasard — le dieu des joueurs — une aubaine qui lui permît de se réconforter un peu, quand passa par là un saltimbanque qui avait une valise.

Ça n'a l'air de rien au premier coup d'œil. Ça paraît tout simple. Mais la Providence sait embarlificoter les moindres circonstances de façon à renouer les événements. Jugez-en.

Bertrand subtilise la valise.

Il s'agenouille pour briser la serrure.

Un homme survient qui le surprend dans cette

position respectueuse et se met en devoir de lui casser la tête.

Bertrand voit la silhouette du survenant et tire un pistolet de sa poche.

Et tous deux, mus par une de ces pensées qui naissent simultanément dans les âmes les plus honnêtes, appliquent sur la poitrine de leur vis-à-vis le pistolet d'arçon... en question, en ajoutant à ce geste significatif cette phrase qui n'est pas à double entente :

— La bourse ou la vie !

— Toi !

— Toi !

— Macaire !

— Bertrand !

— Dans mes bras !

— O sainte amitié !

Et voilà à quoi, dans les desseins cachés de l'Eternel, devait servir la valise dont il a été parlé. Si le Roi des Rois était un vulgaire auteur dramatique — Sardou, par exemple, ou Dennery — comme on lui reprocherait ses ficelles !

Les deux amis s'étreignent, et après s'être étreints, ils causent.

Tout d'abord surprise naturelle, chacun croyant l'autre occupé à étudier les mystères de l'alcôve des taupes.

Macaire est quelque peu sévère. Dame ! Bertrand l'a abandonné, alors qu'il était livré aux indiscrétions de la justice.

Mais la reconciliation est complète.

— Passons une éponge sur le passé, dit Macaire, exprimons-la dans le fleuve de l'oubli et regardons un peu derrière ce mur opaque qui cache l'avenir...

— Ah ! s'il passait une somnambule ! murmure Bertrand.

— Pas de vaines superstitions. L'avenir est aux forts. D'ailleurs j'ai marché tout à l'heure dans quelque chose de spongieux... je suis tranquille. Tiens, imbécile, et cette valise à laquelle tu ne songes pas ! Qui te dit qu'elle ne renferme pas le secret de notre destinée... Fouillons ses arcanes...

La valise, un peu rudoyée, montre ses flancs ouverts.

Hélas ! trois ou même quatre fois hélas ! Des effets de saltimbanque ! un habit jaune, des bottes, une polonaise à brandebourgs...

— On a partagé la Pologne, dit tristement Bertrand.

— Raison de plus pour ne pas partager la polonaise, réplique Macaire, je l'endosse. Mais l'habit jaune...

— Fi donc ! on me prendrait pour un domestique...

— Tu es bien dégoûté ! J'en connais de plus voleurs que nous et qui n'en sont pas plus fiers.

Les voilà habillés, méconnaissables, si l'on veut.

— Des gendarmes ! s'écrie Bertrand.

— Ces buffletiers sont donc ubiquistes ?

— Ubi... quoi ?

— Cachons-nous... il est bon de ne pas gaspiller inutilement son courage.

Ils se dissimulent.

Les gendarmes passent et échangent quelques mots. Pandore fut toujours communicatif. Mais aussi, comme toujours, ils ont le foie sec et sentent le besoin de l'humecter. Ils entrent chez d'obscurs villageois pour procéder à cette opération d'arrosage.

Ils auraient pu d'ailleurs attendre un peu : car un orage éclate, le tonnerre gronde, la pluie tourbillonne...

Macaire et Bertrand reparaissent, prêts à filer, quand, là-bas, sur la route tout à l'heure poudreuse, mais maintenant aqueuse, Macaire aperçoit des chevaux qui s'emportent, entraînant dans leur galop vertigineux une calèche qui se brise...

Ciel ! grands dieux ! à la rescousse !

Macaire bondit comme le jeune faon à son premier amour...

Et reparaît un instant après soutenant dans ses

bras vigoureux une créature du sexe opposé, à demi évanouie...

La belle enfant — elle doit être belle — est accompagnée d'un solide gaillard poivre et sel qui se confond en remerciements.

Macaire se montre tout à fait homme du monde.

— Ah ! monsieur, s'écrie l'inconnu (entre nous, le baron de Wormspire, un vieux filou), que de reconnaissance ! Vous avez sauvé l'ange de ma vie.

— Ah ! monsieur, ajoute Eloa (entre nous, une gourgandine de la plus belle eau), c'est à vous que je dois la vie.

ROBERT MACAIRE, *modeste.* — Point ne babillez sur ce sujet. Je m'élançai, Dieu vous sauva...

LE BARON. — Quelle force ! quelle poigne !

ELOA, *baissant les yeux.* — Monsieur est vigoureux...

MACAIRE.--On fait ce qu'on peut! (*Regardant Eloa.*) La vigueur ne fait pas le bonheur.

ELOA, *rougissant.* — Mais elle y contribue.

LE BARON. — Ça, notre sauveur, vous nous direz, j'espère, quel nom nous devons inscrire sur les tablettes de notre reconnaissance...

ELOA. — Et que je répéterai dans mes prières...

MACAIRE. — C'est le soir que vous priez...

ELOA. — En me mettant au lit...

MACAIRE, *avec désinvolture.* — Les anges ont de la chance! (*Au baron.*) Donc, messire, vous me fîtes l'honneur de me demander mon nom... Je n'en ai qu'un, monsieur, celui de mes pères qui furent aux croisades... je descends d'un croisement, monsieur... je m'appelle de Saint-Rémond...

LE BARON. — Je n'ai pas l'honneur de connaître cette famille...

MACAIRE. — C'était la mienne! Et vous?...

LE BARON. — Baron de Wormspire, je voyage avec ma fille Eloa...

MACAIRE. — Eloa! J'ai beaucoup connu un saint de ce nom...

LE BARON. — Un saint...

MACAIRE. — Et saint Eloa... lui dit, ô mon roi!...

LE BARON. — C'était notre aïeul!...

MACAIRE. — Ce fut un sage conseiller de la royauté... pas d'impôts et la culotte à l'endroit... toute la politique est là!...

LE BARON. — Et votre profession!...

MACAIRE. — Je glane dans le vaste champ de l'industrie... je creuse l'économie politique...

Le Baron. — Banquier, peut-être ?

Macaire. — Je taquine le capital, c'est mon faible... Et vous, Baron !...

Le Baron. — J'ai de grandes capacités qui feraient éclater mon cerveau si parfois je ne leur donnais issue pour le bien de ma patrie...

Macaire. — Indigestion de génie... je connais cela ! il faut évacuer...

Le Baron. — J'y songe... et c'est dans ce but que je me rends à Paris...

Macaire. — Comme cela tombe ! je m'y rends également... ô Paris, nombril du monde !... Mais, à jaboter d'affaires, nous oublions la beauté qui pantèle...

Le Baron. — Pantelez-vous donc, Eloa !

Eloa. — Relativement... mais je me sens bien faible... Ne pourrions-nous remonter en voiture ?...

Bertrand. — La voiture... elle est recalée...

Macaire. — Que soit faite la volonté de mademoiselle !... Bertrand, appelle les gendarmes...

Bertrand. — Moi... que !...

Macaire. — Obéis... sans un mot... sans un geste... va !...

Bertrand va tout tremblant appeler les gendarmes qui, réconfortés par une rincette prolongée, arrivent tout souriants :

— Messieurs, leur dit Macaire, à la droite, à la gauche du char divin chevauchent les cohortes des séraphins radieux... Consentiriez-vous, à la droite, à la gauche du carrosse qui va entraîner vers le village voisin deux voyageurs, une faible femme et un vulgaire domestique, chevaucher de telle sorte que nous sentions sur nos fronts la protection de vos loyales épées ?...

— Volontiers ! répondent les gendarmes qui flairent à l'arrivée une forte rasade...

Et la forêt, étonnée, vit ce spectacle rare et consolant : les voleurs et les assassins respectueusement escortés par les gendarmes.

PARIS ! PARIS !

N'en déplaise aux capitales jalouses, c'est à Paris seulement que les génies se développent, que les cerveaux s'élargissent, que les poumons se dilatent ! L'eau y est mauvaise; soit, n'en buvez pas... mais l'air parisien a des qualités sublimes qui décuplent l'énergie, centuplent l'audace et milluplent — si j'ose m'exprimer ainsi — l'activité humaine. A Paris, l'idée gigogne enfante des millions d'idées, le talent court les rues, le génie est encombrant et, à ce carrefour de l'univers, il faut poster des sergents de ville pour la circulation du sublime. Les écrasés sont les imbéciles.

Les Parisiens sont maigres, étriqués, pâles... qu'importe ! Ce sont des cerveaux qui marchent, qui trot-

SALLE LOUIS XIII
EMILE COHL
MICHELET, SC

tent, qui courent. Les muscles sont d'acier, les tendons de laiton, les nerfs de platine. Paris est une machine électrique dont la pensée est la balle de sureau, toujours attirée, toujours en branle, toujours gigotant au bout du fil qu'en sa dextre tient le Progrès...

Ah ! comme Macaire a bien compris la grand'-ville !

Dans la cohue, il a joué des coudes, fait sa trouée à la Bourse, dans le monde, dans la haute et basse vie. Boulet de canon, il a défoncé les consciences les mieux blindées. Torpille, il a fait sauter les intégrités les plus cuirassées.

Les plus pudibonds le saluent et les journalistes lui serrent la main.

Aux premières, il se pavane, gilet boutonné à l'œsophage — pas de gants, c'est mauvais genre ! Au Bois, il conduit le *four in hands* avec une maestria qui lui vaut un sourire de la petite duchesse et un baiser de Nina de Louveciennes ! Aux courses, il joue du tuyau avec une désinvolture qui arrache aux bookmakers des cris d'admiration !

Mais si vous voulez le voir dans sa beauté, dans sa splendeur, dans son rayonnement, pénétrez dans l'admirable palais — Bourse humiliant la Bourse — qu'il s'est fait construire au centre des affaires. Cette merveille a été bâtie en trois mois, l'hiver, sous une cage de verre, aux lueurs aveuglantes du foyer Jablockoff...

Un *hall* royal, des laquais plus galonnés que des chambellans, des guichets innombrables, gueules d'or qui avalent, avalent toujours, portefeuilles crevant sous le papier à vignettes... écoutez ! c'est le téléphone qui marche ! La voix du banquier crie aux quatre coins du ciel : « Hallo ! Hallo ! Achetez ! Vendez ! Payez !... » Des milliers d'ahuris se bousculent sur les escaliers de pierre, des milliers de badauds contemplent, émus, ce flot qui toujours s'engouffre et toujours ressort, pour s'engouffrer encore. C'est le Maelstrom de la spéculation...

Et dans la vaste salle qui rappelle nos Parlements, au-dessus des bancs garnis de centaines d'actionnaires, Robert Macaire, debout, le bras étendu, la tête orgueilleuse, crie de sa voix retentissante :

— Non, messieurs, nous ne nous laisserons pas arrêter par les clameurs haineuses d'adversaires que nous pourrions nommer et qu'irritent nos succès...

« Oui, nos succès, je le dis bien haut.

« Que nous reproche-t-on ? Seize cents millions

dépensés ! Seize cents millions ! En vérité, messieurs, j'ai honte de proclamer devant vous ce chiffre ridicule... dépensés, dit on. Je vais plus loin, moi, messieurs, je dis perdus... oui, perdus, engloutis... et je le dis... c'est là notre force ! (*Applaudissements.*)

« Oui, nous les avons gaspillés, oui, nous les avons volés dans vos poches, nous avons réduit des familles à la misère... et qu'est-ce que cela prouve, sinon que nous avons l'audace... un mot de plus, et sans souci d'une fausse modestie... j'ajoute nous avons le génie. (Bravo ! Bravo !)

« Ah ! il fait beau venir nous opposer des chiffres... En voulez-vous d'autres ? Les seize cents millions se décomposent comme suit... prenez le rapport de notre conseil d'administration...(on entend un bruit formidable de papiers pliés et dépliés) Que voyez-vous ? Frais d'établissement : 696 millions 825 mille 732 francs 83 centimes !... 83 et non 85. Pas un centime dont nous ne vous rendions compte !... Courtages sur souscriptions, 137 millions... Matériel, 329 millions ! Profits et pertes... Ah ! c'est là, messieurs, que j'attends nos contradicteurs, et de pied ferme, j'ose le dire... Profits et pertes : 437,174,267.15... Faites l'addition, messieurs, vérifiez... vous retrouverez les 1,600 millions... ils y sont ! De quoi se plaindrait-on ? (Ecoutez ! Ecoutez !)

« Et méditez bien ces mots : Profits et Pertes... nous ne disons pas Pertes... il y a Profits... et pertes. Alors pourquoi pertes plutôt que profits ou profits plutôt que pertes ?... Ne touchez-vous pas du doigt la mauvaise foi de nos ennemis ?... Entre ces deux mots, ils ont l'audace de choisir... et naturellement, tant il y a de bassesse dans l'âme humaine, ils choisissent... pertes !... (Rumeurs d'indignation.)

« Ah ! messieurs, toute une vie de labeur, toute une existence d'efforts ne répondent-ils pas d'avance à ces insinuations ? (Si ! Si !) Je vous l'avoue, parfois, je me sens las de lutter et je songe à me retirer... oui, à revenir à mes chères études que j'ai abandonnées pour me consacrer aux intérêts de notre chère France. (Bravo !)

« La France ! Ah ! parlons d'elle !... Est-ce au moment où le flanc de la Sainte Patrie saigne encore, au moment où l'étranger jaloux cherche à déraciner le drapeau industriel dont nous tenons fièrement la hampe, que nous déserterions... car ce serait déserter... et, messieurs, qui de vous nous conseillerait cette lâcheté ? (Personne ! Non ! non ! pas de désertion !)

M. Gogo. — Enfin... et des dividendes !

Macaire, ironique. — Ah ! des dividendes ! du gain ! des bénéfices ! toujours ! toujours cette avidité révoltante qui compromet les plus belles causes ! Des dividendes ! Ah ! pardonnez-moi, messieurs, un moment d'émotion... Cette interruption égoïste, au moment où je parlais de la patrie, m'a frappé au cœur ! (Ne répondez pas ! Remettez-vous !)

« Des dividendes ! Eh ! mon Dieu ! s'il vous en faut absolument... (Non ! non !) Si fait ! parlons-en... Vous en voulez !... ô mesquinerie humaine ! Eh bien ! j'y consens, on va vous en distribuer... des dividendes...

(Mouvement de surprise dans l'auditoire. M. Gogo : Bravo !)

« Comme s'il était difficile de distribuer des dividendes ! Le premier venu peut faire cela !... j'avoue

que je visais plus haut... mais enfin descendons à cette minutie... Des dividendes !... Messieurs, vous avez en caisse quatre cents millions !... N'oubliez pas que vous avez versé deux milliards, et que, grâce à notre direction économique et probe, nous n'avons dépensé que seize cents millions... Le temps nous a manqué pour parfaire la somme...

« Est-ce à dire, messieurs, que je vous proposerai de vous répartir ces quatre cents millions ? Vous ne le voudriez pas, messieurs !... Vous connaissez trop bien la loi, la loi vénérée, qui s'oppose à la distribution de dividendes pris sur le capital... Non, les quatre cents millions sont sacrés, et je me couperais plutôt le poignet — ce poignet harassé de travail — plutôt que d'y porter une main téméraire...

« Mais, messieurs, le dividende... c'est vous qui allez le fournir... Pour vous donner cinq pour cent de votre capital, que vous faut-il ? Cent millions, une misère !... Nous émettons deux cents millions de bons à cinq ans... remboursables par voie de tirage au sort, avec lots d'un million, de cinq cents, de deux cent cinquante, de cent mille francs !... Et sur cette somme qui n'est pas le capital... car elle n'est pas encore versée... et qui ne sera pas le même capital que le capital antérieur... je vous distribuerai cinq pour cent... voulez-vous dix pour cent... que m'importe !... (Non ! non ! cinq seulement !)

« Huissier, faites circuler les listes !

« Et maintenant, messieurs, permettez-moi de vous remercier encore une fois... car encore une fois vous nous avez vengés de calomnies indignes, vous avez déjoué des manœuvres honteuses... J'ai confiance en vous, ayez confiance en moi... et comme le dit l'exergue de nos pièces de cent sous :

« Dieu protège la France ! »

Acclamations ! on escalade la tribune pour embrasser Robert Macaire, auquel on décerne le titre d'Immense Gaulois !...

Tableau !

Et la Bourse montait toujours !

AMOUR !

Eloa n'était pas un parangon de vertu, mais c'était une bonne fille, potelée et capitonnée, appétissante et personnellement en appétit d'amour.

Robert Macaire, grand, râblé, au nez plein de promesses, lui avait — comme dit le doux Virgile — tapé dans l'œil, et il lui tardait d'être unie par des liens indissolubles à ce fort gaillard qui — semblable au chassepot de Mentana — devait faire merveille.

On n'avait pas encore inventé le fusil à répétition.

Impatiente et langoureuse à la fois, elle attendait le solide banquier qui lui avait promis de venir, après l'assemblée d'actionnaires, échanger avec elle quelques doux propos d'amour, préliminaires de la cérémonie définitive fixée au lendemain.

Elle avait arboré le costume blanc, neigeux de son homonyme Eloa (d'Alfred de Vigny),et comme l'ange amoureuse du démon, elle méditait les gracieuses choses qui viendraient rasséréner son âme romantique.

Robert Macaire entra, le torse bien dressé, ayant au front le diadème orgueilleux de son dernier succès.

— Oh ! fit Eloa en l'apercevant et en se cachant derrière son éventail.

Et elle ajouta tout bas, si bas qne son ange gardien l'entendait à peine :

— Qu'il est beau, cet homme, qu'il est beau !

Macaire s'approche : lent, il s'agenouille sur le coussin qui gît aux pieds d'Eloa et doux, il lui prend la main.

Elle tressaille.

Lui parle :

— Ecoute, mignonne... sais-tu ce qu'est l'amour? Non... eh bien ! je vais te l'apprendre. Rien de plus niais que l'ignorance. Nous ne sommes plus au temps de l'imbécile romantisme, alors qu'on jonglait avec les étoiles et qu'on jouait au bilboquet avec les âmes sœurs.

« N'attends pas de moi ces protestations ridicules dans lesquelles passent, comme les paillettes dans le kaléidoscope, des mots brillants, mais vides de sens...

« L'amour est une science... »

Eloa ne peut réprimer un léger frisson :

— Une science et en même temps un art, continue Macaire. Une science, car ce n'est qu'en connaissant à fond l'anatomie de la femme, en ayant pendant de longues heures étudié, le scalpel à la main, les mystères de sa constitution interne, c'est alors seulement qu'on a le droit de se dire véritablement apte à célébrer dignement le mystère d'amour...

— Robert! mais je ne comprends pas...

— Tu comprendras! avant d'être ton époux, ton amant, je serai ton éducateur... As-tu jamais disséqué un homme?

— Moi! moi! balbutie Eloa prête à pleurer. Oh! le vilain avec ses questions!

— Pas d'enfantillage... Si tu étais mineure, je pourrais admettre une ignorance dont ma science même saurait profiter, pour faire jaillir plus vivement l'étincelle... Mais j'ai passé moi-même l'âge de ces billevesées... Je reviens à ma théorie... car, vois-tu, Eloa, sans théorie, pas d'amour... demande au docteur Guyot...

— Je ne connais pas...

— C'est un tort. Tu liras dès ce soir le bréviaire de l'amour expérimental... Donc tu n'a pas disséqué de cadavre humain... et tu prétends, présomptueuse, savoir faire vibrer la harpe infinie des sensations, en exacerber les prurits aigus et provoquer les spasmes lancinants...

— Lancinants!

— As-tu du moins, dans les livres suggestifs que nous a légués l'antiquité, dans les études âcres du divin marquis, tenté de t'approprier les notions profondes qui constituent la science d'amour... Que dis-tu de Sodome?

— Oh!

— Des cris! de l'horreur! voilà bien le préjugé! Sodome fut une ville où l'on eut de l'agrément et sur laquelle il tonna très fort.. Et Sapho, ou plutôt Sappho par deux *p* pour être correct! Et la divine Lesbia! Et les orgies sanglantes des patriciennes de Rome! Eloa, connais-tu tout cela?

— J'avoue que... mais vous me parlez hébreu!

— Les Hébreux avaient du bon... la Bible en fait foi...

— Laissez la Bible... dites-moi que vous m'aimez...

— Banalités! Je t'ai dit que l'amour était un art... As-tu jamais vu le pianiste effleurer de ses doigts nerveux les touches d'ivoire? As-tu vu Paganini faire grincer sous l'archet, dans une titillation vibrante, les cordes qui se pâment jusqu'à se briser? As-tu vu le bourreau tordre les membres de ses victimes jusqu'à leur mettre aux lèvres une écume de sang et de jouissance?... As-tu vu tout cela? Eloa!...

— Non!... assez!

— Ainsi ferai-je de tes divines beautés... Ainsi dans les spasmes atroces et doux de la surexcitation centuplée ferai-je tressaillir tes fibres tendues jusqu'à éclater... tandis qu'auprès de nous, sous nos yeux' pour entretenir en nous le feu dévorant des saintes extases, d'autres êtres s'enlaceront en des craquements de squelettes...

Eloa sursautant:

— Ah! mais vous m'ennuyez à la fin! moi, je veux faire l'amour tout bêtement, à la bonne franquette... comme papa et maman!...

— Eloa! ne me comprendrais-tu pas?...

La porte s'ouvre et le baron apparaît:

— Ah! je vous y prends, petit polisson! dit-il à Macaire. Vous demandez des avances!... arrachez-vous à ces exquises niaiseries. La foule emplit les salons... je vous convie à une folle partie d'écarté...

— Soit ! dit Macaire. Au revoir, Eloa, nous reprendrons cet entretien.

ELOA, *à part.* — Ça ne serait pas à faire !

LA PARTIE D'ÉCARTÉ

Qui touche à l'œuvre du génie est un misérable ! Donc ne voulant pas mériter cette épithète, nous nous contenterons de copier servilement l'admirable scène dont le récit nous a été légué par nos maîtres.

Le baron et Macaire sont à une table de jeu, face à face.

LE BARON. — Je propose.

MACAIRE. — Impossible !

LE BARON. — Allons ! pique !

MACAIRE. — Atout ! Atout ! Vous êtes volé, beau-père.

SALLE RENAISSANCE
EMILE COHL

Le Baron, *à part.* — Si je n'étais pas sûr de la probité de mon gendre, je croirais qu'il a fait filer la carte... Coupez... le roi !

Macaire. — Ah ça ! mais, est-ce que le beau-père...? Je vous en demanderai...

Le Baron. — Jouons... Atout ! Atout ! Atout ! Atout !

Macaire. — Ma revanche.

Le Baron. — Volontiers.

Macaire. — A qui fera... (*Ils jouent.*) On voit beau-père, que vous êtes l'enfant chéri de la victoire. (*A part.*) J'espère bien que tu paieras les frais de la guerre. (*Il donne.*) Le roi !

Le Baron. — C'est singulier !... Quand c'est à lui à faire, je n'ai pas un atout... Je propose.

Macaire. — Non !... je prends... le roi ! Atout ! Atout ! et atout !...

Le Baron. — Si c'est du bonheur, il peut se flatter d'en avoir... A moi la main... le roi !

Macaire. — Plus de doute... le beau-père me filoute, c'est clair... Cœur !

Le Baron. — Je prends. Atout trois fois... Gagné !

Macaire, *à part.* — Quelle singulière manie ! Etre riche comme Crésus et tricher au jeu ! Le roi !

Le Baron. — C'est une véritable sainte alliance... Je proposé...

Macaire. — Jouons ! Atout ! Atout ! Atout !

Le Baron. — Eh bien, nous sommes quittes, mon gendre. (Il ramasse les deux enjeux.)

Macaire. — Je ne dis pas le contraire ; mais vous ramassez tout l'enjeu...

Le Baron. — Mais puisque nous sommes quittes...

Macaire. — Faites donc attention !... C'est l'enjeu...

Le Baron. — Mon Dieu ! quelle distraction ! pardon, pardon ..

Macaire. – Oh ! cela arrive tous les jours... Légère erreur...

Le Baron, *à part.* — Décidément je suis floué !

Macaire, *à part.* — Il n'y a pas d'eau à boire avec le beau-père...

Tout à coup, à travers les salons en fleurs, un cr retentit :

— Les gendarmes !

SECRET D'ÉTAT

La scène se passe chez le premier ministre, qui travaille, seul, le nez courbé sur des monceaux de factures.

Le Premier Ministre.— 596,627 francs 35 centimes...

Cette Nichette me coûte cher... mais quel galbe !... et quel chien !

(On frappe à la porte. C'est le ministre des finances.)

LE PREMIER MINISTRE. — Ah ! c'est vous, cher ami ! Quel bon vent...?

LE MINISTRE DES FINANCES. — Entre nous, on peut parler franchement... je ne puis arriver à équilibrer le budget de...

— De la France...

— Non ! de Paula la Savoyarde !

— Diable ! Et quelle somme...

— 227,694 francs 48 centimes...

— Un chiffre ! Moi-même, je suis un peu gêné... On frappe... je n'y suis pas...

LE MINISTRE DE L'INSTRUCTION PUBLIQUE. — C'est moi... Je vous dérange...

LE PREMIER MINISTRE. — Non pas... entrez donc, vos conseils sont de poids...

FINANCES. — En tout cas, ils sont académiques... (*Ils rient.*)

INSTRUCTION. — Je vais droit au fait... je ne vous apporte pas de conseils... j'en viens chercher... Aspasie me coûte les yeux de la tête... je m'enfonce... et si je ne trouve 193,888 francs 95 centimes !...

LE PREMIER. — Diable ! diable ! diable ! Eh ! voilà ce cher collègue des Travaux publics !

TRAVAUX PUBLICS. — Je suis vanné, ruiné, tué... Bibiche me lâche...

TOUS. — Bah ! Et pourquoi ?...

TRAVAUX PUBLICS. — Je n'ai pas pu payer sa dernière note de couturière... 222,222 francs 22 centimes.

FINANCES. — Les huit cocottes !...

TOUS. — Que faire ? Nous sommes nettoyés...

LE MINISTRE DE LA JUSTICE, GARDE DES SCEAUX, *apparaissant.* — Je vous sauve !..

TOUS. — Lui ! ah ! parlez, cher collègue, parlez...

LA JUSTICE. — Moi-même je suis quelque peu ratiboisé... mais j'ai un moyen...

TOUS.— Lequel ?

LA JUSTICE. — Vous connaissez Robert Macaire ?

TOUS. — Je crois bien... je lui dois de l'argent...

LA JUSTICE. — Vous savez que c'est un ancien forçat... et un assassin....

TOUS. — Oui, oui...

LA JUSTICE. — Jusqu'ici, comme il nous ouvrait sa caisse, nous avons cru devoir le ménager... Aujourd'hui le bras de la justice doit s'appesantir sur lui... (Marques de surprise.) Suivez-moi bien ! Primo, nous lui devons de l'argent ; secundo, nous avons besoin d'argent... Or, pour ne lui plus rien devoir, le mieux

est de le faire disparaître... il n'a pas de titres entre les mains... c'est élémentaire... Maintenant, pour avoir de l'argent, nous n'avons qu'à en gagner. Comment ? C'est bien simple ! L'arrestation de Robert Macaire jettera le désarroi sur le marché... la Bourse baissera considérablement... Comme nous n'agirons qu'à notre heure, nous aurons pris soin de vendre des quantités formidables de valeurs... nous réaliserons des bénéfices énormes .. nous serons remis à flot... et la morale sera sauvée...

Tous. — Bravo ! Bravo !... C'est admirable !...

La Justice. — Entendez-vous avec vos agents de change... Moi, je vais réunir les dossiers de Robert Macaire... Ah ! ce misérable a trop longtemps trompé la conscience publique !... Il est temps qu'elle soit vengée...

BÉNÉDICTION

Tout passe, tout casse, tout lasse.

Robert Macaire a été condamné à mort. La société a senti le besoin de s'affirmer par ce raccourcissement et la justice des hommes demande à être satisfaite...

Robert Macaire a passé sa dernière nuit de la façon la plus agréable du monde. Mais moins agréable pour son gardien, qu'il a empêché de dormir par des ronflements que tout philosophe eût considérés comme l'indice d'une conscience pure, et qui pourtant n'étaient que la preuve d'un vaste rhume de cerveau sur le point d'éclore, mais auquel le temps devait manquer pour s'épanouir.

A cinq heures du matin, le directeur de la prison entre dans la chambre de Macaire, avec le chef de la police de sûreté.

Il pose doucement la main sur l'épaule du condamné et l'appelle :

— Macaire !.. (*Après une pause.*) Macaire !

Macaire ouvre un œil :

— Qu'y a-t-il ? qui se permet de troubler mon sommeil ?

— Macaire... du courage ! Votre pourvoi a été rejeté et...

— Ah bah ! fait Macaire en se dressant sur son séant. Pas possible ! ces braves gens ont commis cette légère imprudence... eh bien !... mon pourvoi étant rejeté, je n'ai plus à me préoccuper de rien... Ces formalités me fatiguaient. Oh ! la procédure !

— Pardon ! mais vous ne comprenez pas... C'est pour ce matin...

— Matin... chagrin !... Soir... espoir...

— Voyons, monsieur Macaire, encore une fois, armez-vous de résignation... La vindicte publique...

— Ah ! ah ! ah ! fait Macaire, la vindicte publique... cela veut dire sans doute que...

Et il a un geste significatif.

— Justement, fait le directeur en baissant la tête.

— Quelle heure est-il donc ?

— Cinq heures !

— Vous êtes sûr que votre montre n'avance pas ?..

— Absolument...

— Ces horlogers sont si insouciants... Enfin ! comme cela, on me trouve trop long ?...

— Hein ?

— Dame ! puisqu'on veut me diminuer d'un pied... du côté de la tête. Mais voyons, sapristi ! ne me faites pas cette mine-là !... Au fond, qu'est-ce que cela vous fait qu'on me guillotine ? Moi encore, je serais pincé, grincheux... cela se comprendrait jusqu'à un certaint point... mais vous, représentant de l'administration, soyez impassible... Vrai ! vous me donnez mauvaise opinion de l'autorité française... et ça m'ennuie pour ma douce patrie !...

— Enfin... veuillez vous lever...

— Devant vous, jamais !... et ma pudeur !... Je sais bien qu'on est décidé à froisser mes sentiments les plus intimes... mais je proteste contre cette immixtion dans ma vie privée...

— Il faut pourtant bien...

— Oh ! certes... je n'ai pas l'intention de marcher à l'échafaud *in naturalibus*... je sais trop ce que je dois au souverain qui nous gouverne si paternellement... mais je veux...

— Vous voulez !

— Je veux que vous, directeur, et ce monsieur qui vous accompagne vous alliez vous mettre en pénitence, dans le coin, le nez du côté du mur...

— Mais...

— C'est mon dernier mot... ou je ne me laisse pas guillotiner. Ah ! ça serait d'un joli effet sur les masses...

Le directeur et son acolyte échangent un regard.

Mieux vaut en finir. Ils vont se placer comme Macaire le désire.

Celui-ci saute en bas de son lit, et en un tour de main passe sa culotte :

— Demi-tour ! rompez le rang ! commande Macaire. Voyons ! combien ai-je de temps devant moi?...

— Une demi-heure, trois quarts d'heure au plus... Si vous désirez quelque chose !

— Oui, fait mélancoliquement Robert Macaire, cela me rappelle le jour où je suis entré pour la première fois dans cette auberge... qui a porté malheur à M. Germeuil et à moi... Dire que si cette auberge n'avait pas existé, si elle ne s'était trouvée sur ma route, il ne m'aurait pas assassiné... et il n'aurait pas à répondre devant la société...

— Pardon, monsieur Macaire, vous confondez !...

— Homme cruel, pourquoi ne me laissez-vous pas cette illusion... J'aimerais à croire que c'est ce sensible vieillard qui va porter sa tête sur l'échafaud...

— Vous savez que, d'après les règlements, vous pouvez réclamer nourriture ou boisson...

— Manger ! boire ! à quoi bon ? puisque les fonctions corrélatives n'auront pas le temps de s'exercer... Je désirerais seulement deux choses...

— Parlez !

— D'abord un bon cigare... mais pas de la camelotte ! un cigare de dix sous... Vous mettrez ça sur la note des frais...

— Vous aurez le cigare dans deux minutes...

— Bien !

— Et la seconde chose !...

— Je ne suppose pas que la société veuille lésiner

au préjudice d'un malheureux qu'elle va retrancher de son sein...

— Non, certes... et si votre demande est raisonnable...

— Raisonnable ! dites qu'elle est justifiée par tous les précédents... Je veux... un prêtre !

— Ah ! vraiment ! votre demande me comble de joie ! Enfin le repentir...

— Ne dites donc pas de bêtises ! Le repentir est la gastrite de la conscience... J'ai l'estomac libre... seulement je sens le besoin de causer avec un vénérable ecclésiastique...

— M. l'aumônier de la prison attend, ici près, dans le corridor...

— Est-il vénérable ? S'il n'est pas vénérable, vous irez m'en chercher un autre...

— Oh ! jusqu'ici personne ne s'est plaint...

— Soit. Amenez-le !

Tout en devisant, Robert Macaire a achevé sa toilette. Il a vraiment très bon air.

L'aumônier, hélé par le directeur, apparaît sur le seuil.

Macaire l'examine en plaçant sa main au-dessus de ses yeux :

— Pas mal, fait-il. Une vénérabilité de second choix... mais très suffisante.

L'aumônier fait quelques pas.

Macaire, avec un geste majestueux, invite les assistants à les laisser seuls.

La porte se referme.

L'Abbé. — Mon frère...

Macaire. — Tiens, vous êtes de ma famille !

L'Abbé. — En notre Sauveur...

MACAIRE. — On va nous sauver... bonne chose. Vous, ça m'est égal !... mais moi, ça m'irait assez !...

L'ABBÉ. — Oui, vous sauver dans l'éternité...

MACAIRE. — Oh ! je n'en demande pas tant... je n'ai plus qu'un petit quart d'heure. Ça, ma petite vieille...

L'ABBÉ. — Appelez-moi mon père !...

MACAIRE. — Jamais ! ce serait une insulte à la mémoire de ma mère...

L'ABBÉ. — Vous avez vous-même désiré me voir... j'en suis heureux, car cela dénote en vous d'excellentes dispositions .. Vous allez vous confesser... je suis prêt à vous entendre...

MACAIRE. — Vous n'êtes pas dégoûté ! Je raconte très bien... Qu'est ce que vous voulez savoir ? Aimez-vous les histoires... gaillardes ? J'ai un joli stock...

L'ABBÉ. — Mon frère, l'instant est solennel... recueillez-vous...

MACAIRE. — Ah ça, dites-moi, est-ce que c'est une bonne place, celle d'aumônier ?..

L'ABBÉ. — Heu ! heu ! mais ne nous occupons pas...

MACAIRE. — Vous me direz à cela... quand on n'a pas de charges ! Vous n'êtes pas marié ?..

L'ABBÉ. — Mon frère... la religion...

MACAIRE, *digne*. — Je n'en connais qu'une... la religion de l'humanité... la propagation de l'espèce...

L'ABBÉ. — Ah ! de grâce... songez à votre âme !...

MACAIRE. — J'y ai quelque peu travaillé pour ma part... et j'emporte cette satisfaction morale d'avoir enrayé, autant qu'il était en moi, la dépopulation de la France... J'ai supprimé un de mes semblables, me direz-vous !... Pardon !.. Soyez juste ! M. Germeuil était un homme sensible, mais épuisé... il n'était plus d'aucune utilité à la grande genèse sociale...

L'ABBÉ, *évidemment gêné*. — Je vous en conjure... que de semblables pensées soient écartées... en ce moment suprême...

MACAIRE. — Il est vrai que, pour ma part, elles resteront à l'état de théorie... mais vous n'êtes pas si vénérable que vous le paraissez... Quel âge avez-vous ?...

L'ABBÉ. — Cinquante-quatre ans... mais...

MACAIRE. — Cinquante-quatre ans... mais c'est la belle âge ! Mon cher ami, raisonnons... Jusqu'ici, j'ai le regret de vous le dire, vous avez fait fausse route... ouvrez-moi votre cœur... confessez-vous !... Vous n'avez jamais aimé ?..

L'ABBÉ. — Oh ! pouvez-vous m'adresser semblable question...

MACAIRE. — Au moment de paraître devant le juge éternel, je suis revêtu d'un sacerdoce... Qu'est-ce que vous êtes, vous ? Un vivant qui, sur le coup de midi, déjeunera tranquillement et sirotera un moka brûlant ! Moi, à la même heure, je circulerai à travers les sphères célestes... donc j'ai une autorité morale qui vous manque... Voyons... oui ou non, avez-vous coopéré à la conservation de la race ?...

L'Abbé, *avec terreur*. — Jamais ! jamais !

Macaire. — Je ne vous en fais pas mon compliment... Heureusement l'avenir vous appartient. Ah ! mon cher enfant, combien il est heureux pour vous que j'aie eu l'occasion de vous donner quelques conseils !... Vous pataugez dans le bourbier de l'erreur, dans le marécage de l'égoïsme... sans compter que vous vous privez bêtement — je dis bêtement et je maintiens le mot — de mille petits agréments très appréciables...

L'Abbé. — Assez ! assez !

Macaire. — Non, jamais assez ! Je suis le prêtre de l'humanité et tu m'entendras... oui... tu m'entendras jusqu'au bout !... Ah ! tu crois qu'il est tout simple de venir dire à un citoyen français : « Vous allez être guillotiné dans un quart d'heure... pensez à l'éternité » et d'attendre que justice soit faite pour prendre une prise et s'en retourner chez soi... Pas de ça, Lisette ! Prêtre, je veux que ma voix résonne éternellement à ton oreille... Donc je te dis : « Il n'y a sur terre qu'une seule chose digne de l'estime d'un galant homme, c'est une petite femme... ou une grosse femme, au choix. Aimer ! aimer ! sentir contre son sein un sein palpitant, entendre glisser dans sa trompe d'Eustache des mots doux comme le gazouillement du rossignol... Et tu m'appelles criminel — ô petit impertinent ! — parce que j'ai rayé de la liste des vivants un vieillard qui avait les genoux ankylosés et le crâne dépeuplé... Mais toi !... toi !... car, en vérité, je ne sais pas pourquoi je me contiendrais plus longtemps... mais tu es un assassin !

L'Abbé *épouvanté.* — Moi ! moi !

Macaire. — Combien d'êtres as-tu supprimés par ta funeste, par ta criminelle abstention ? Ah ! il s'agit bien de M. Germeuil qui aujourd'hui — sans rancune contre moi – pince de la harpe au pied des trônes sublimes... Il s'agit, homme, de la cohorte d'enfants roses et blonds auxquels, par une impéritie que je te reproche sans ambages, tu as négligé frauduleusement de donner la vie... où sont les têtes de chérubins qui devraient t'entourer ?... Où sont les soldats que tu as donnés à la patrie, où sont les magistrats, les banquiers, les gendarmes — oui, les gendarmes, dont tu as doté la société ?...

« Car si tout le monde t'imitait, ô paresseux ! il n'y aurait pas eu de gendarmes pour m'arrêter, pas de juges pour me condamner... tu ne serais pas là, toi, pour courber devant moi ton front pâle et repentant...

« Ah ! on me traite d'assassin ! c'est bientôt dit ! J'ai créé plus de vies que je n'en supprimai. Donc, en bonne comptabilité, on me doit du retour ?... tandis que toi !... oh ! tu frémis, tu tressailles, tu pleures !... A genoux, prêtre, à genoux et frappe de ton front cette terre que tu n'a pas fécondée...

L'Abbé. — Ah !

Macaire : Tiens ! avec toi point ne veux être cruel ! Il est par le monde une inhumaine qui m'honorait de quelques menues faveurs. Soudain elle apprit que j'avais quelques pécadilles à me reprocher et, obéissant à d'anciennes routines, elle me repoussa. Une

ESCALIER
DES SALLES
BASSES.

de ces nuits dernières — je dirais suprêmes si je ne redoutais de réveiller de pénible souvenirs — le sommeil fuyant mes paupières, je rimai les quelques strophes que voici... Ecoute :

A celle qui n'est plus Elle !

Je t'aime tant ! ma mignonne, aime-moi !
N'est battement en mon cœur que pour toi.
Tu t'es donnée et tu te veux reprendre?
Pourrais-tu donc, dis-moi, mon cœur me rendre?
Non ! la douleur que laissa ton baiser,
Seul, ton baiser la saurait apaiser.
Point ne m'abandonne
Et si j'ai mal fait, me pardonne.

Rappelle-toi ! tu ne peux oublier.
Ta main savait à ma main se lier.
Ma lèvre, étant toute chaude de fièvre,
Doucettement s'unissait à ta lèvre,
Et point n'était en ton corps doux secret
Qui librement à moi ne se livrait !
Point ne m'abandonne
Et si j'ai mal fait, me pardonne !

Tu consentais ! tu dis non aujourd'hui !
N'était-il pas plus doux murmurer : oui !
L'amour donné ne se peut pas reprendre :
Eteint, le feu ne laisse que la cendre,
Eteint, l'amour ne laisse que la mort !
Aimons-nous donc, mignonne, aimons encor !
Point ne m'abandonne
Et si j'ai mal fait, me pardonne.

(Entraîné par son délire, Macaire saisit l'abbé dans ses bras et lui fait exécuter quelques tours de valse).

L'Abbé. — Grâce ! grâce !...

Macaire. — Et je ne sais en vérité ce qui retient sur mes lèvres la malédiction prête à s'en échapper.

L'Abbé. — Non ! non !...

La porte s'ouvre. Le directeur de la prison reparaît.

— Macaire, l'heure a sonné...

L'Abbé, prosterné, tendant ses mains vers Macaire : Bénissez-moi, mon père !

Macaire étend les mains sur sa tête, puis il le saisit par les épaules, le redresse, passe son bras sous le sien, et l'entraîne en lui disant bas à l'oreille :

— Allons ! du courage ! le repentir efface bien des fautes !... Tiens-toi convenablement... en route, je te donnerai des adresses...

SUR L'ÉCHAFAUD

— Comment ! mon brave Bertrand, c'est toi qui es bourreau maintenant ?

Bertrand. — Que veux-tu ? il faut vivre...

Macaire. — Vil préjugé ! dont je me suis débarrassé à temps. Ah ça, pas de bêtises... tu vas travailler convenablement... ces messieurs et ces dames qui se sont dérangés ont droit à de l'ouvrage bien fait...

Bertrand. — Sois tranquille... j'ai pris des leçons...

Macaire. — Et chez toi... ça va bien ?

Bertrand. — Ça boulotte...

Macaire. — Prête-moi cent sous...

Bertrand. — En ce moment... pourquoi faire ?

Macaire. — Que t'importe ? t'ai-je habitué à te rendre des comptes...

Bertrand. — Non, non ! Voilà...

MACAIRE. *Se tournant vers l'abbé et lui tendant la pièce de cinq francs.* — REMEMBER !

BERTRAND. — Es-tu prêt !...

MACAIRE, *mettant la tête dans la lunette.* — Cordon, s'il vous plaît.

Un bruit sourd. Une clameur. Puis rien ! rien ! rien !...

La justice des hommes est satisfaite... il n'y a qu'elle !...

LE BOULEVARD SAINT-MARTIN

ET

L'AUBERGE DES ADRETS

Le coin du boulevard Saint-Martin appuyé à la rue de Bondy, est depuis plus de cent ans une des intéressantes curiosités de Paris. Origine modeste, cela s'appelait au milieu du dix-huitième siècle le chemin de la Voirie, puis rue des Fossés-Saint-Martin, et enfin, vers 1760, rue de Bondy. Cette rue se composait de quatre maisons et était éclairée par un réverbère. Pourquoi ce nom qui rappelle la forêt où fut assassiné l'infortuné Childéric II (pleurons sur ce monarque un peu oublié) ? C'est ce que toutes nos recherches n'ont pu nous faire découvrir. Le monument de la Porte-Saint-Martin, élevé en 1674, par Pierre Bullet, sur l'emplacement de l'ancienne Porte de Philippe-Auguste, pataugeait alors au milieu d'un véritable cloaque.

Mais soudain le décor change. En 1781, après l'incendie du 8 juin qui détruisit l'Opéra, au Palais-Royal, et laissa ses divinités presque nues, au dire de Sophie Arnould, la reine Marie-Antoinette ordonna à l'architecte Lenoir de bâtir une nouvelle salle, boulevard Saint-Martin, livrable le 30 octobre suivant. Elle lui promettait, s'il accomplissait ce tour de force architectural, le cordon de Saint-Michel et une pension de 6,000 livres. On travailla à la lueur des torches. L'Opéra fut bâti en trois mois. Et — pour s'assurer de la solidité de la salle — on y donna, le 27 octobre 1781, une représentation gratuite ! On jouait un opéra de Piccini, *Adèle de Ponthieu.* Si le théâtre s'écroulait, tout au moins il n'y eût eu d'écrasée que la canaille. Ce trait est charmant et peint bien l'ancien régime. Et la salle faillit s'écrouler, elle fléchit de deux pouces à droite et de quinze lignes à gauche. Il fallut travailler encore. L'Opéra resta dans cette salle jusqu'au 5 avril 1794. Parmi les étoiles de cette époque, rappelons la belle Mlle Maillard, qui personnifia la Liberté ; disons aussi que c'est dans cette salle de la Porte-Saint-Martin que, pour la première fois, fut chantée la *Marseillaise*, dans l'*Offrande à la Liberté*, de Gossec.

Le théâtre de la Porte-Saint-Martin fut alors mis en vente comme bien national et fut adjugé pour 277,000 francs. Il resta fermé de 1794 à 1802 ; mais quelle décadence, hélas ! L'Opéra était remplacé par l'acrobatie, et le théâtre portait le nom de *Jeux Gymniques*, que l'on baptisait par antiphrase, sur le boulevard, l'Opéra du Peuple. Il arriva cependant que l'autorité prit ombrage de cette scène où, au lieu de jeux acrobatiques, on s'efforçait de glisser de temps à autre quel-

Un garçon, à l'Auberge des Adrets.

que œuvre dramatique. Guilbert de Pixérécourt y avait donné, en 1805, son *Robinson Crusoë*, mélodrame en trois actes, à grand spectacle. Ce fut un scandale, en ces temps de despotisme matériel et moral où les théâtres étaient soumis à une réglementation absurde, fixant le nombre des personnages, la forme du dialogue, le genre des pièces jouées. Le théâtre — déjà révolutionnaire de l'art — fut fermé par ordre supérieur en 1807, et ne put rouvrir qu'en 1810, à la condition qu'il n'y aurait jamais, dans une pièce, que deux acteurs *parlants*, les autres devant seulement s'exprimer par gestes ! ! On croit rêver, et cependant rien n'est plus réel.

Ecrasé sous ces restrictions, le théâtre ferma de nouveau et ne rouvrit plus qu'en 1814, mais cette fois avec le droit de jouer le mélodrame et la féerie. Les *Petites Danaïdes ou 99 victimes*, imitation burlesque de l'opéra de Saliéri, et représentées le 14 décembre 1819, sont en réalité le prototype des opérettes telles qu'*Orphée aux Enfers* ou la *Belle Hélène*. Ce fut, dans le rôle du père Sournois, le triomphe de Potier qui avait débuté en 1818, à la Porte-Saint-Martin, dans les *Originaux au café*, et devait bientôt quitter ce théâtre pour les *Variétés*.

Le *Vampire*, drame anonyme, mais auquel avait collaboré Nodier (qui, dit-on, vint siffler dans une baignoire, au soir de la première), commença une série de succès qui ne devait plus s'interrompre. C'était en juin 1820, et cette date est intéressante, quand on trouve déjà la phraséologie romantique. Ecoutez ce fragment de dialogue :

Ituriel. — Serait-il vrai que d'horribles fantômes viennent quelquefois, sous l'apparence des droits de l'hymen, égorger une vierge timide et s'abreuver de son sang ?

Oscar. — Ces monstres s'appellent les Vampires. Une puissance, dont il ne nous est pas permis de scruter les arrêts irrévocables, a permis que certaines âmes funestes, dévouées à des tourments que leurs crimes se sont attirés sur la terre, jouissent de ce droit épouvantable qu'elles exercent de préférence sur la couche virginale et sur le berceau...

Le Vampire, c'était Philippe, sa victime, Mme Dorval.

En 1822, le *Solitaire*, inspiré du très étonnant roman du vicomte d'Arlincourt (et pas si mauvais qu'on le croit sans l'avoir lu) attira la foule.

En 1825, *Jocko ou le Singe du Brésil*, joué par le célèbre Mazurier qui sous la peau du quadrumane fit verser tant de larmes à nos mères, obtint 200 représentations et réalisa un million de recettes ! La duchesse de Berry honora la Porte-Saint-Martin de sa présence !

En 1827, nous inscrivons le nom d'un des plus grands succès du drame moderne, succès mérité ; *Trente ans ou la Vie d'un joueur* fut représenté le 19 juin 1827. Grande date, car Frédérick Lemaître, en cette création de Georges de Germany, incarna le drame poignant, humain, véritablement réaliste.

Et puisque ce nom est enfin venu sous notre plume, arrêtons-nous à cette figure typique de l'art dramatique.

Et ici, une parenthèse : A cette histoire de la Porte-Saint-Martin est liée celle du café de la Porte-Saint-Martin qui pendant cinquante ans, de 1820 à 1871 — époque où le théâtre fut détruit par un incendie.... politique — vit défiler devant ses tables tout ce que l'art de la scène compte de grands noms. Cette *Auberge des Adrets*, si ingénieusement, si artistiquement créée par Mousseau, dont nous parlerons plus loin — s'est élevée sur l'emplacement même où jadis sont passés Frédérick Lemaître et tant d'autres que nous nommerons. Dans la salle de gauche qui naguère communiquait avec le théâtre, bien souvent, pendant les entr'actes les artistes de la Porte-Saint-Martin sont venus à la hâte prendre quelque consommation, pour se rafraîchir ou se réconforter. Le souvenir de Frédérick enveloppe l'Auberge des Adrets :

C'est que le Frédérick qui venait en 1827 créer *Trente ans* était déjà l'acteur célèbre dont la renommée ne faisait que grandir. Né en 1800, il avait débuté aux *Variétés amusantes* dans une comédie-vaudeville à trois personnages, *Pyrame et Thisbé*. Il faisait.... le lion ! De là il était passé au *Cirque Olympique*, où se trouvait alors Bouffé, puis aux *Funambules*, en 1821 à l'Odéon et enfin en 1823 à l'Ambigu où on lui confia le rôle de Robert Macaire dans l'*Auberge des Adrets*.

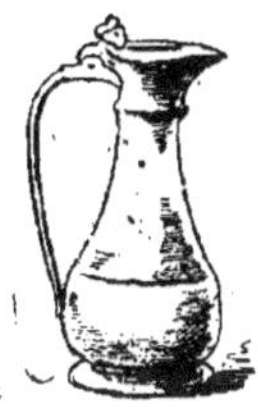

Frédérick raconte lui-même l'histoire de l'*Auberge des Adrets* :

« C'était en 1823. Lorsque la lecture, qui eut lieu au théâtre, fut terminée, je partis découragé en songeant que ce rôle de Macaire devait être ma première création. Comment faire accepter au public cette intrigue sombre et ténébreuse développée dans un style rien moins qu'académique ?... J'en étais arrivé à ne plus savoir vraiment à que parti m'arrêter, lorsqu'un soir, en tournant et retournant les pages de mon manuscrit, je me mis à trouver excessivement bouffonnes toutes les situations et toutes les phases des rôles de Robert Macaire et de Bertrand, si elles étaient prises au comique.

« Je fis part à Firmin, garçon d'esprit et qui, comme moi, se trouvait mal à son aise dans un Bertrand sérieux, de l'idée bizarre, folle qui avait traversé mon imagination. Il la trouva sublime ! Mais il fallait bien se garder de songer à proposer cette transformation aux auteurs, convaincus d'avoir fait un nouveau *Cid.*

« Bien résolus cependant à mettre, coûte que coûte, notre plan à exécution, nous arrêtâmes, Firmin et moi, tous nos effets entre nous, sans en souffler un mot à personne, et le soir de la première représentation venu, nous fîmes notre entrée que nous n'avions même pas simulée aux répétitions.

« Quand on vit ces deux bandits venir se camper sur l'avant-scène dans cette position tant de fois reproduite, affublés de leurs costumes devenus légendaires ; Bertrand, avec sa houppelande grise, aux poches démesurément longues, les deux mains croisées sur le manche de son parapluie, debout, immobile, en face de Macaire qui le toisait crânement, son chapeau sans fond sur le côté, son pantalon rouge tout rapiécé, son bandeau noir sur l'œil, son jabot de dentelle et ses souliers de bal, l'effet fut écrasant...

« Les auteurs, Benjamin Antier et Saint-Amand, qui devaient plus tard devenir mes collaborateurs dans *Robert Macaire*, prirent leur parti en hommes d'esprit... Seul, leur troisième complice, un certain docteur Polyanthe, auteur dramatique par circonstance, qui, s'il ne s'était fort heureusement arrêté, fut arrivé à tuer autant de mélodrames que de malades, me voua une haine implacable... »

En 1834, Mourier, directeur des Folies-Dramatiques, vint demander à Frédérick la suite de l'*Auberge des Adrets.* La première représentation eut lieu le 26 juin, et le succès fut colossal. Les types du baron de Wormspire et d'Eloa devinrent promptement aussi célèbres que ceux de Robert Macaire et Bertrand.

C'était précédé de cette réputation originale, de ces souvenirs déjà légendaires que Frédérick-Lemaître arrivait à la Porte-Saint-Martin. Après *Trente ans*, dont le succès fut colossal et dans lequel Ménier, père de Paulin Ménier, créa le rôle de Warner, tandis que Marie Dorval électrisait le public sous les traits d'Amélie, il créa Ravenswood, de la *Fiancée de Lamermoor*, Méphistophélès de *Faust* où il dansa certaine valse qui a ravi nos mères. Après une courte excursion à l'Ambigu et à l'Odéon, il revint en 1831 à la Porte-Saint-Martin où il créa *Napoléon* et le *Moine*.

En même temps, la troupe de la Porte-Saint-Martin avait recruté tout ce qu'il y avait à Paris de talents de premier ordre, Déjazet (dans le *Fils de l'homme*) Mlles Georges, Bocage, Ligier, Marie Dorval !...

Crosnier, puis Harel avaient pris la direction et alors, sur l'affiche de la Porte-Saint-Martin, on vit défiler *Antony*, la

Tour de Nesle, *Lucrèce Borgia*, *Marie Tudor*, *Angèle*, tous les chefs-d'œuvre du romantisme.

Antony, c'était Bocage, que Dumas caractérisait par ces mots : intelligence d'esprit, noblesse de cœur, expression de visage. Quant à Mme Dorval, elle n'était pas belle, a dit encore Dumas, *elle était pire*. Le nom du régisseur lui-même n'est pas oublié, c'était Moëssard, le vertueux Moëssard. Après la représentation, c'étaient au café de la Porte-Saint-Martin des cris d'effroi, de douleur. Le public *empoigné* s'élançait sur le trottoir pour faire une ovation à Dumas.

Et la *Tour de Nesle!* c'étaient Bocage, Lockroy, Delafosse, Mlle Georges, l'admirable femme qui avait connu d'impériales amours.

Dans *Lucrèce Borgia*, Frédérick jouait Gennaro, si beau, si entraînant que jamais depuis lors le rôle n'a été tenu avec cette ampleur. Et je n'ai point parlé de *Richard d'Arlington*, cette maîtresse création de Frédérick qui, à ce même café, véritable succursale des coulisses, trouva le mouvement superbe par lequel il jetait sa femme par la fenêtre.

Faire l'histoire de la Porte-Saint-Martin, de 1830 à 1850, c'est écrire le livre d'or du théâtre romantique. Force nous est de nous borner. Comment, cependant, ne pas nommer tout au moins *Don César de Bazan*, *Marie-Jeanne*, un des derniers triomphes de Marie Dorval, *Tragaldabas* qui attend encore sa revanche et qui n'aura plus Frédérick... ni Coquelin? La direction Harel finit avec *Vautrin*, le drame de Balzac, dans lequel Frédérick s'était fait une tête rappelant le type inoubliable de Louis-Philippe.

Après lui, les frères Coigniard prirent la direction. Ici, il n'est plus question d'art, à proprement parler : la *Biche au Bois* s'empare de l'affiche et la tient jusqu'au jour où Marc Fournier obtient le privilège du théâtre. Personnalité bien remarquable, fine, élégante, autoritaire. On aurait pu l'appeler le dernier gentilhomme. Il avait l'imagination vive, parfois même exubérante ; il rêvait des mises en scène merveilleuses. Pas un trait dramatique ne se présentait à son esprit, sans son cortège de décors et de figuration. Dans les coulisses, il semblait un capitaine de navire, maître à son bord après Dieu. On lui a souvent reproché d'avoir abaissé le niveau de l'art dramatique, parce qu'à la fin de sa direction, aux prises avec une désastreuse situation financière, il sacrifia à la féerie ; mais que d'efforts il avait tentés avant de descendre à ce genre secondaire ! En 1852, il donnait *Benvenuto Cellini*, de Paul Meurice, superbe résurrection de la Renaissance italienne et dans laquelle Mélingue — encore un grand nom disparu — fut merveilleux d'élan, d'émotion et de gaîté vibrante. Tous les titis du boulevard ont encore dans l'oreille cette apostrophe : « As-tu jamais entendu rugir le lion, ma bonne petite ? » Puis c'était *Richard III*, de Victor Séjour, qui fut un triomphe pour Ligier ; c'était cette audacieuse tentative de l'*Orestie*, tragédie antique d'Alexandre Dumas, dans laquelle Marie Laurent avait rendu d'une façon magistrale le sinistre rôle de Cassandre ; c'était l'épopée de *Paris*, par Paul Meurice. En cette œuvre magistrale apparaissaient tous les épisodes

SALLE RENAISSANCE

de l'histoire parisienne. Un des effets les plus grands était dû à la censure impériale. Un des tableaux montrait la Saint-Barthélemy. La scène représentait la fenêtre du Louvre donnant sur le fleuve. Charles IX était là, et derrière lui sa mère, Catherine de Medicis, lui mettant aux mains l'arquebuse qu'il devait décharger sur les protestants... La censure coupa impitoyablement cette scène. Fournier, rongeant ses moustaches, était descendu au café de la Porte-Saint-Martin. Supprimer ce tableau, c'était perdre un décor superbe, un des éléments de succès. Cette Seine vue la nuit, charriant des cadavres, était formidable. Fournier ne buvait pas. Il regardait le verre qu'il s'était fait servir par contenance. Tout à coup il se frappa le front : « Ils ne veulent pas de dialogue, cria-t-il, eh bien ! il n'y en aura pas ! » Il remonta sur le théâtre et voici ce qu'il inventa. C'était la nuit de la Saint-Barthélemy. Le fleuve glauque coulait sous une lueur étrange, presque fantastique. Catherine seule s'avançait sur le balcon. Alors des profondeurs de la Seine, lentement s'élevaient des cadavres, verdâtres, spectraux, livides... et la reine-mère, épouvantée, affolée, se rejetait en arrière en poussant un cri horrible. Catherine, c'était Marie Laurent. L'effet fut prodigieux.

Rappelons encore, sous la direction de Marc Fournier, les *Chevaliers du Brouillard*, où Marie Laurent créa avec tant d'originalité et d'énergie le rôle de Jack Sheppard; la *Reine Cotillon*, avec Laferrière ; le *Fils de la Nuit*, avec Fechter ; les *Mères repenties*, de Mallefille; *Faustine*, de Bouilhet ; les *Funérailles de l'honneur*, de Vacquerie, ce drame splendide que ne comprirent point les habitués d'opérettes.

Et quelle troupe ! avec Marie Laurent, Lucie Mabire, Mme Guyon, Mlle Rousseil, Mélingue, Bignon, Laurent, Rouvière, Vannoy, Charly, Clarence, Werner, Boutin et, comme danseuse, Mariquita !

SALLE
DES GARDES.
EMILE COHL
MICHELET SC.

Le drame de cape et d'épée s'était relevé avec le *Bossu* et l'inimitable Lagardère-Mélingue, Cocardasse-Vannoy et Passepoil-Laurent. Etait-ce là une direction qui n'eût point de préoccupations artistiques? Mais les dépenses de mise en scène, mais des prodigalités peut-être excessives, rendaient l'exploitation de plus en plus difficile. Marc Fournier chercha le succès d'argent dans la résurrection des féeries, le *Pied de Mouton*, la *Biche au Bois* avec ses lions et la belle Aïka-Delval, puis une grande revue : *1867*, qui fut un insuccès complet. Ce fut la faillite.

La Porte-Saint-Martin devait encore enregistrer un grand succès, *Patrie*, de Victorien Sardou, avec Dumaine, Berton, Charly, Paul Clèves, Mmes Fargueil et Léonide Leblanc.

Puis vint la guerre, et sur la scène de la Porte-Saint-Martin retentirent les strophes enflammées des *Châtiments* qui, hélas ! ne sauvèrent pas le théâtre, incendié en mai 1871.

Adieu les souvenirs du passé, adieu le vieux café de la Porte-Saint-Martin, adieu le Deffieux, restaurateur légendaire, tout est détruit, rasé, anéanti...

Non. Le terrain de Paris est de ceux où toute antique semence repousse. Au lieu d'un théâtre, il y en aura deux. Au lieu du café noir et étroit, il y aura la superbe Auberge des Adrets.

Le théâtre de la Porte-Saint-Martin, réédifié, rouvrit ses portes le 27 septembre 1873 par la reprise de *Marie Tudor*. La troupe s'est reconstituée avec Taillade, Laray, Mmes Lacressonnière, Doche, Dica-Petit, et, en janvier 1874, les *Deux Orphelines*, de MM. Dennery et Cormon, relèvent la fortune du théâtre, qu'augmente encore le *Tour du monde en 80 jours* (7 novembre 1874).

Voici la liste des œuvres représentées depuis cette époque :

1875

Le succès du *Tour du monde* se prolonge jusqu'à la fin de l'année. La 415ᵉ représentation est donnée le 20 décembre.

23 décembre. Reprise de la *Jeunesse des mousquetaires*.

Pendant cette même année, M. Ballande donna, le dimanche, des matinées littéraires qui obtinrent un grand succès. Il y fut représenté deux pièces nouvelles.

24 octobre. La *Mère de Rubens*, drame en 4 actes, en vers, de M. Potvin.

25 décembre. *Jean Sobieski*, drame en 5 actes, en vers, de M. Christian Ostrowski.

1876

25 février. Reprise de *Vingt ans après*.

12 avril. Reprise de *Jean la Poste*.

22 mai. L'*Espion du roi*, drame en 5 actes de M. E. Blum.

28 mai. Le *Médecin de son honneur*, drame en 5 actes, de M. J.-N. Coufnier.

28 juin. Reprise de *Louis XI*, de Casimir Delavigne.

21 juillet. Reprise du *Bâtard*, de Touroude.

17 août. Le *Miroir magique*, féerie, de M. C. Dreyfus.

5 octobre, *Coq-Hardy*, drame en 7 actes, de M. Louis Davyl.

4 novembre. Reprise des *Bohémiens de Paris*.

23 décembre. Reprise de la *Reine Margot*.

Aux matinées de M. Ballande, nous signalerons :

23 janvier. *Hugues Capet*, drame, de M. Crémieux.

17 mars. Les *Grands devoirs*, drame, de M. Ballande.

1877

31 mars. Les *Exilés*, drame en 5 actes, de MM. E. Nus et prince Lubomirski.

11 août. Reprise du *Juif-Errant*.

10 novembre. Reprise du *Bossu*.

27 décembre. Reprise d'*Une cause célèbre*.

1878

22 mars. Les *Misérables*, drame, de Charles-Victor Hugo.

1er juin. Reprise du *Tour du monde en quatre-vingts jours*.

27 décembre. Les *Enfants du capitaine Grant*, pièce en 15 tableaux, de MM. d'Ennery et Verne.

1879

DIRECTION DE M. PAUL CLÈVES

3 avril. Reprise de la *Dame de Monsoreau*.

14 juin. Reprise des *Mystères de Paris*.

20 septembre. *Cendrillon*, féerie en 30 tableaux, de MM. Clairville, Monnier et Blum.

1880

17 mars. Les *Étrangleurs de Paris*, drame en 5 actes e 12 tableaux, de M. Ad. Belot.

1er juin. Reprise de la *Mendiante*, drame en 5 actes, de MM. A. Bourgeois et Michel Masson.

9 juillet. Reprise de la *Bouquetière des Innocents*.

6 octobre. L'*Arbre de Noël*, féerie en 3 actes et 30 tableaux, de MM. A. Mortier, Leterrier et Vanloo.

1881

11 février. Reprise des *Chevaliers du brouillard*.

6 avril. Reprise de *Trente ans ou la vie d'un joueur*.

1er mai. Reprise des *Mystères de Paris*.

21 mai. Le *Prêtre*, drame en 5 actes et 8 tableaux, de M. Ch. Buet.

10 septembre. Reprise de la *Biche au bois*.

1882

11 février. Reprise du *Petit Faust*, opéra-bouffe fantastique, musique de M. Hervé.

22 avril. Reprise du *Donjon des étangs*, de M. F. Dugué.

23 avril. *Davenant*, comédie en 1 acte, en vers, de M. Jean Aicard.

13 mai. Reprise du *Bossu*.

26 août. Reprise de *Michel Strogoff*.

25 novembre. *Voyage à travers l'impossible*, pièce fantastique en 3 actes et 22 tableaux, de MM. A. d'Ennery et Jules Verne.

1883

16 février. Reprise du *Juif-Errant*.

14 avril. Le *Pavé de Paris*, pièce en 12 tableaux, de M. Ad. Belot.

2 juin. Reprise de la *Faridondaine*.

4 août. Reprise du *Crime de Faverne*.

17 septembre. Reprise de *Froufrou*.

20 décembre. *Nana Sahib*, drame en 7 tableaux, en vers, de M. Jean Richepin.

1884

26 janvier. Reprise de la *Dame aux Camélias*, avec Sarah Bernhardt.

21 mai. *Macbeth*, traduit en prose, par M. Jean Richepin.

DIRECTION DE M. DUQUESNEL

2 octobre. Reprise des *Danicheff*.

26 décembre. *Théodora*, drame en 5 actes et 8 tableaux, de M. V. Sardou, qui a tenu l'affiche pendant les six premiers mois de 1885.

En 1885, *Théodora*, *Théodora*, *Théodora*, puis quelques reprises, et fin 1886 le *Crocodile*, de M. Sardou.

N'avions-nous pas raison de dire que l'histoire de ce coin de Paris est l'histoire de l'art dramatique français.

Maintenant un dernier mot sur l'Auberge des Adrets.

C'est une idée bien parisienne — empreinte de cet art primesautier et vivace qui jaillit de notre macadam... ou de notre pavé en bois — que cette reconstitution d'une vieille auberge de campagne — non point le débit sombre, étroit, fumeux des coins de province — mais l'auberge large, spacieuse, cossue des gros villages, l'auberge à l'escalier solide qui ne plie pas sous le poids des plus robustes buveurs : elle est bien française, cette auberge, et nous l'avons connue au temps des dernières diligences... ce qui ne nous rajeunit pas, par parenthèse. Mousseau, son fondateur, est un artiste dramatique que tout Paris connaît : jadis, il a fait courir la foule avec sa chanson des *Gestes*, où sa volubilité de gamin de Paris mettait un entrain endiablé. On l'a vu et applaudi dans *Bibi la Grillade*, de l'*Assommoir* et *Pomponnet*, de la *Mère Angot*, et je me souviens de certain rôle, le sergent Rosamel de *Turenne*, où il enlevait la salle en criant au drapeau.

Chez Mousseau, renonçant au théâtre, il y a à la fois la nostalgie du décor et cet amour que tout Parisien porte — de loin — à la campagne. Il s'est créé cette illusion de l'Auberge : il semble qu'à travers les vitraux on entende claquer le fouet des rouliers et on attend la trompette du conducteur de la patache ; et pour que l'illusion soit réelle, il a réuni, avec une habileté de collectionneur, nombre de bibelots dont la plus grande valeur est de n'en avoir point, en soi, et cependant de composer un ensemble parfait, plats enluminés, brocs d'étain, armoires de chêne sculpté, cheminée de haulte graisse, tables, chaises, rampes de chêne, solives plafonnantes.

Au sous-sol, l'Auberge confine au vieux château. Ici ce sont des vastes salles où pourraient circuler des hommes d'armes et des chevaliers d'un autre âge. Tout cela d'un goût sûr, rien de criard, rien de faux.

Et les déjeuneurs, les dîneurs, les buveurs s'attablent, sous l'œil paternel — et unique — de Robert Macaire, campé au fond, sa trique à la main, flanqué de son fidèle et maigre Bertrand.

L'*Auberge des Adrets* a pris place parmi les curiosités de Paris et ajoute une note fantaisiste à cet angle, de la grand'-ville, devant lequel viennent errer la nuit les revenants du romantisme français, depuis le grand Dumas jusqu'au grand Frédérick.

Qu'on ne l'oublie pas, l'*Auberge des Adrets* occupe exactement l'emplacement de l'ancien café de la Porte-Saint-Martin. A des tables occupant la place même où sont les tables d'aujourd'hui se sont assis tous les hommes, auteurs ou artistes, qui, depuis cinquante ans, se sont fait un nom dans l'art dramatique, Dennery, le maître incontesté du théâtre du boulevard, Victor Séjour, Ferdinand Dugué, Alexandre Dumas, Musset, Gérard de Nerval, qui y parut la veille même de son suicide — (était-ce bien un suicide ?) et

Murger, et Privat d'Anglemont, et Méry, et Lambert Thiboust. C'est un défilé de toutes les renommées ; voici Jean-Baptiste Deshayes, le créateur de la *Bête du Bon Dieu*, Gemma, Clarence, Grailly, Fechter, Schey, Brésil, Boutin, le Bluskine des *Chevaliers du Brouillard*, Colbrun, le petit Colbrun, et aussi le gros Laurent, l'inoubliable Jonas de *Patrie*! Bignon, Courtès ; voici encore Dumaine, le beau Dumaine, et le gai Durandeau, caricaturiste et humoriste ; Carjat, artiste et citoyen, comme il a fièrement intitulé son livre ; le commandant Roland, dont le nom a retenti dans Paris à l'heure du triste siège, et Emile Blavet, et Louis Davyl, et Émile Cohl, et Jules Lermina... que sais-je encore? Et qui donc oublions-nous ? Clément Just, Chilly, Paulin Ménier... et Lassagne, dont la triste légende a attristé ces murailles... et enfin... Rigolboche qui fut une des habituées du café !

Et aujourd'hui l'Auberge des Adrets est devenue le rendez-vous des écrivains et des artistes... Regardez autour de vous et vous reconnaîtrez le Tout-Paris qui pense et qui travaille...

Excusez du peu !!!

Paris.— Imp. J. Kugelmann, 12, r. Grange-Batelière.

www.ingramcontent.com/pod-product-compliance
Lightning Source LLC
LaVergne TN
LVHW020354230826
846091LV00003B/1105

* 9 7 8 2 0 1 2 5 6 6 8 9 7 *